통박자 조병호의 *30years of Acts*

통通하는
산헤드린 공회
vs. 예루살렘 공회

사도행전 30년

통通하는 사도행전 30년

초판 1쇄 발행 2018년 9월 7일
     6쇄 발행 2022년 7월 29일

지은이 · 조병호
펴낸곳 · 도서출판 **통독원**
디자인 · 전민영

주소 · 서울시 강남구 선릉로 806
전화   02)525-7794
팩 스 · 02)587-7794
홈페이지 · www.tongbooks.com
등록 · 제21-503호(1993.10.28)

ISBN 978-89-85738-95-8 03230

통박사 조병호의 *30years of Acts*

통通하는

산헤드린 공회
vs. 예루살렘 공회

사도행전 30년

조병호 지음

통독원

☞ 권용근 전 총장 (영남신학대학교) ☜

조병호 박사는 성경에 관한한 한국 교회뿐만 아니라 세계 교회로부터 최고 실력자임을 인정받았다. 그는 2017년 종교개혁 500주년 독일 비텐베르그 대회 주 강사로 '성경 한 권이면 충분한 것'을 전하고 세계 교회 지도자들로부터 크게 찬사를 받은 바 있다. 이번에 나온《通通하는 사도행전 30년》도 2천 년 전의 사건을 오늘 우리 속에 살아 움직이는 사건으로 보여주며 문자로 기록된 성령의 역사를 책으로부터 나오게 하여 우리의 가슴을 뜨겁게 하고 있다. 아울러 그냥 읽으면 알기 힘든 문맥 뒤의 행간도 찾아내어 보여줌으로서 성경을 읽는 재미도 더해 주고 있다. 한국 교회 정체성이 흐려지고 있는 이즈음 교회 정체성 회복과 사도행전 29장을 써가야 할 모든 분들에게 이 책을 강력하게 추천하고 싶다.

최흥진 총장 (호남신학대학교)

사도행전은 초대교회의 형성과 발전과정을 다룬 역사서이다. 초대교회가 어떤 과정을 통해 생겨났으며, 어떻게 발전했는지, 성령의 인도함을 받은 사도들이 복음 전파를 위해 얼마나 수고와 헌신과 노력을 했으며 어떠한 열매를 거두었는지를 잘 보여준다. 조병호 박사는 전혀 새로운 시각에서 사도행전에 접근하고 있다. 사도행전에 기록된 5번의 산헤드린 공회를 염두에 두고 불법이 난무했던 시대에 정면으로 맞선 사도들의 용기 있는 행동을 부각시키며, 사도행전을 이해하는 새로운 통찰력을 제시해주고 있다. 이 책은 성령의 음성에 귀 기울이며, 한국 교회와 사회를 바로 세워가기 원하는 목회자들과 평신도들에게 크게 도움이 될 것이다.

사도행전에 기록된
5번의 '산헤드린 공회' 재판 기록

〈사도행전, Acts of the Apostles〉은 '사도들의 30년간의 행적'을 기록한 글입니다. 그런데 사도들의 소중한 행적 사이사이에 '5번의 산헤드린 공회 재판' 또한 자세히 기록해놓고 있다는 점에서 매우 놀랍습니다.

사도행전을 자세히 읽어보면, '사도들의 복음 전파 열정'만큼이나 '산헤드린 공회의 복음 전파 방해' 또한 고개를 절레절레할 정도로 지독했다는 점을 발견할 수 있습니다.

당시 유대는 로마 제국의 식민지였음에도 불구하고 예루살렘 성전을 중심으로 하는 산헤드린 공회의 '종교 권력과 경제력'은 상상 그 이상이었습니다.

로마 제국의 식민지였던 유대에서 권력(權力)은 오직 '예루살렘 성전의 이사(理事)들이었던 산헤드린 공회원들'만 가질 수 있었습니다.

그래서 산헤드린 공회원들은 그들의 종교 권력과 경제력을 지키기 위해 열심히 산헤드린 공회를 열었습니다.

〈1차 산헤드린 공회 재판〉은 예수님을 한밤중에 긴급체포하여 재판을 열고, 새벽에 신성모독이라는 죄목으로 판결하고, 아침에는 비겁하게 로마 총독 빌라도에게 보내 로마 제국에 반역했다는 죄목으로 사형에 처하게 한 '종교 전문가들의 고도의 정치 재판'이었습니다.

그런데 산헤드린 공회는 유대의 가장 큰 명절인 '유월절'에 〈1차 산헤드린 공회 재판〉과 로마 제국의 〈빌라도 총독 재판〉을 이용해 예수를 죽였음에도 불구하고, 유월절 이후 50일 만에 맞이하게 되는 '오순절'에 또다시 같은 안건으로 2차 산헤드린 공회 재판을 열었습니다.

〈2차와 3차 산헤드린 공회 재판〉은 사도가 된 예수의 제자들을 불러 협박과 채찍을 가한 재판이었고, 〈4차 산헤드린 공회 재판〉은 예루살렘 교회의 스데반을 재판정에 세워 그 자리에서 즉결심판으로 공개 처형한 재판이었습니다.

이렇게 A.D.33년 한 해 동안 유대의 중심 예루살렘에서는 산헤드린 공회 재판이 쉴 틈 없이 네 번이나 연거푸 열리면서 사도들의 복음 전도를 막기 위한 갖은 방법이 다 동원되었습니다.

그러나 4차 산헤드린 공회가 열린 지 30년이 지난 후 바울은 〈5차 산헤드린 공회 재판〉에서 사두개파와 바리새파의 악한 의도를 다시금 확인하고는 이들의 자중지란(自中之亂)을 만들어 산헤드린 공회 재판을 해산시켜버렸습니다.

이후에도 계속해서 산헤드린 공회는 가이사랴 감옥에 갇혀 있는 바울을 어떻게 해서든지 죽이기 위해 6차 산헤드린 공회를 열려고 시도하였습니다. 하지만 6차 산헤드린 공회는 열리지 못하였고, 공회원들은 로마로 떠나는 바울의 뒷모습을 보며 이를 갈아야만 했습니다.

때문에 〈사도행전〉은 '사도가 된 예수님의 제자들이 걸어간 30년 간의 거룩한 행적들을 다룬 책'이지만, 사실은 '산헤드린 공회와 사도 들의 사활(死活)을 건 30년 전쟁사(戰爭史)'라고 해도 과언이 아닐 것입 니다.

예수님께서 십자가 위에서 "다 이루었다"라고 말씀하실 때에 예루 살렘 성전의 휘장이 위로부터 아래로 찢어졌습니다. 성전 안의 지성소 와 성소를 구분하는 휘장이 찢어진 것입니다.

이는 '1,500년을 유지하던 제사장 나라가 완전히 종료'되고, 마침 내 '하나님 나라가 도래'한 역사적인 사건이었습니다.

그런데 예루살렘 성전의 대제사장들을 비롯한 산헤드린 공회는 하 나님의 뜻과 상관없이 그들의 경제적 이익과 종교 권력을 위해 찢어진 성전의 휘장을 몰래 다시 꿰매고 전처럼 '지성소'와 '성소'에서, 그리고 그들이 강도의 소굴로 변질시켜버린 '이방인의 뜰'에서 '종교 퍼포먼스' 를 계속했습니다.

그들이 예수의 십자가 이후 〈사도행전 30년〉 동안 예루살렘 성전 에서 집례했던 모든 제사들과 유대의 명절(유월절, 오순절, 초막절) 종교 행사들은 하나님께 올려드린 진정한 산제사가 아닌, 그들의 '제사 쇼' 에 불과했습니다.

〈사도행전 30년〉 동안 제사장 나라가 종료되었기 때문입니다. 사 도들은 더 이상 제사장 나라의 제사를 가지고 하나님 앞에 나아가서 용서를 받거나 구원을 받을 수 없다고 주장했습니다. 그리고 '구원은 오직 하나님의 아들 예수 그리스도를 믿는 믿음'으로만 가능하다고 주장했습니다.

그러나 예루살렘 성전의 대제사장들과 산헤드린 공회는 십자가에 못 박혀 죽은 예수를 '신성모독자, 성전모독자, 자칭 유대인의 왕, 그리고 부활을 속이는 자'라고 주장하며, 예수를 믿거나 예수를 전파하는 자들을 야고보와 스데반처럼 모두 죽이려 했습니다.

때문에 사도 바울까지도 처음에는 산헤드린 공회의 주장을 믿으며 예수 믿는 자들을 스데반처럼 죽이는 것이 제사장 나라를 지키는 충성이라고 생각했었던 것입니다.

그런데 제2의 스데반을 찾아 다메섹으로 가던 도중 부활하신 예수님을 만난 사도 바울은 그 즉시로부터 회심하여 '예수는 주'라고 주장합니다. 그때부터는 사도 바울도 다른 사도들처럼 〈사도행전 30년〉 동안 계속해서 산헤드린 공회의 표적이 됩니다.

산헤드린 공회는 예루살렘 교회를 중심으로 하는 사도들의 복음 전파 방해는 물론이거니와 로마 제국 내의 모든 회당 네트워크를 이용해 사도 바울 전도팀의 전도를 방해하고, 온갖 박해를 가했습니다.

그리고 사도 바울이 3차 전도여행을 마치고 예루살렘으로 돌아오자 그때는 반드시 기회를 놓치지 않고, 심지어 암살단까지 보내면서 사도 바울을 죽이려고 최선을 다했습니다.

한마디로, 〈사도행전 30년〉 동안 열렸던 다섯 번의 산헤드린 공회 재판은 공의와 정의 대신 종교 권력자들의 위선, 돈으로 매수된 거짓 증인들, 그리고 음험한 뒷거래의 정치가 공공연했던 '불법(不法)의 시대'였고, 이와 정면으로 맞선 용기 있는 '사도들의 시대'였습니다.

성경 66권 가운데 〈누가복음〉과 〈사도행전〉 두 권은 헬라 출신 의사이자 역사가인 누가(Luke)가 하나님의 감동으로 쓴 책입니다. 누가는 이 두 권의 책을 로마 제국의 유력한 정치인 '데오빌로 각하'에게 써 보냈습니다.

누가는 성령의 도우심과 성령의 감동으로 쓴 〈누가복음〉을 통해 '예수를 알고, 예수를 믿고, 예수의 말씀에 순종하고, 예수를 체험하고, 하나님께 영광을 돌리기'로 결심한 하나님의 사람 데오빌로에게 그가 〈사도행전 30년〉을 통해 어떤 길로 나아가는 것이 좋을지 삶의 방향을 알려주었습니다.

〈사도행전 30년〉은 오늘도 여전히 21세기 그리스도인들에게 나아갈 삶의 방향을 알려주는 살아계신 하나님의 말씀입니다.

2018년 통독원에서

조병호

CONTENTS

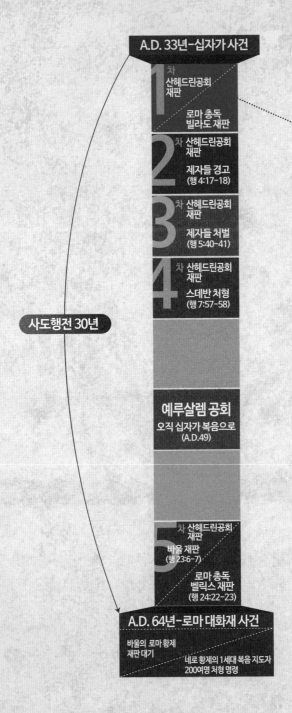

A.D. 33년-십자가 사건

1차 산헤드린공회
재판

로마 총독
빌라도 재판

2차 산헤드린공회
재판

제자들 경고
(행 4:17-18)

3차 산헤드린공회
재판

제자들 처벌
(행 5:40-41)

4차 산헤드린공회
재판

스데반 처형
(행 7:57-58)

예루살렘 공회

오직 십자가 복음으로
(A.D.49)

5차 산헤드린공회
재판

바울 재판
(행 23:6-7)

로마 총독
벨릭스 재판
(행 24:22-23)

A.D. 64년-로마 대화재 사건

바울의 로마 황제
재판 대기

네로 황제의 1세대 복음 지도자
200여명 처형 명령

사도행전 30년

1차 산헤드린 공회 재판(A.D.33년)
– 예수님의 십자가 처형

'산헤드린 공회'는 바벨론 포로로 끌려갔던 남유다 백성들이 바벨론에서 페르시아로 '제국의 변동'이 이루어지는 가운데 페르시아 제국의 예루살렘으로의 1차 귀환 허락, 그리고 1차 귀환으로부터 80년 후 '예루살렘으로의 2차 귀환이 이루어지던 때'에 페르시아 제국의 허락에 의해 만들어진 '유대의 자치 지도부'였습니다.

페르시아 제국이 2차 귀환의 지도자 '에스라에게 준 권한'이었던 유대의 자치 지도부 '산헤드린 공회'는 에스라를 비롯해 대제사장들과 서기관들과 백성들이 뽑은 장로들 71명으로 구성되었습니다.

산헤드린 공회의 구성원들을 71명으로 정한 근거는 아마 모세 때에 하나님께서 모세에게 이스라엘 백성의 장로와 지도자가 될 만한 사람 70명을 회막으로 데리고 오라 말씀하신 데에 기인한 것으로 추정됩니다.

여호와께서 모세에게 말씀하십니다.

"이스라엘 노인 중에 네가 알기로
백성의 장로와 지도자가 될 만한 자 **칠십 명**을 모아
내게 데리고 와 회막에 이르러 거기서 너와 함께 서게 하라
내가 강림하여 거기서 너와 말하고
네게 임한 영을 그들에게도 임하게 하리니
그들이 너와 함께 백성의 짐을 담당하고
너 혼자 담당하지 아니하리라"(민 11:16-17)

페르시아 제국의 허락으로 바벨론 땅에서 예루살렘으로 귀환하게 된 귀환공동체가 페르시아 제국 총독의 직접적인 지배를 받으면서도 동시에 그들 내부의 자치 지도부가 필요했던 이유는, 남유다 백성들이 바벨론에서 70년 포로 생활을 하는 동안 남유다의 왕정과 지도부가 완전히 와해되었기 때문입니다.

남유다가 바벨론에 멸망하기 150여 년 전에 즉, 북이스라엘이 앗수르 제국에 의해 멸망할 때에 '앗수르 제국'은 그들이 다스리는 식민지 백성들에게 '혼혈정책'을 펼쳤습니다. 그래서 북이스라엘 백성들은 '혼혈족 사마리아인'(Samaritans)이 되었습니다.

그런데 그 이후 앗수르 제국을 무너뜨린 '바벨론 제국'은 앗수르의 혼혈정책과는 다르게 그들이 다스리게 된 식민지 땅의 백성들 대부분을 바벨론 포로로 끌어갔습니다. 그중 다니엘과 세 친구들(하나냐, 미사엘, 아사랴)을 '인질 이데올로기 교육'에 투입시켰습니다.

그리고 남은 대부분의 포로들을 '난공불락(難攻不落)의 바벨론성(城)을 건축하는 노동'에 투입시켰습니다. 때문에 다니엘과 세 친구 외에 바벨론으로 끌려간 남유다 백성들은 과거 애굽에서와 마찬가지로 노동 노예의 처지로 전락했습니다.

하지만 남유다 백성들은 바벨론에서 강제노역에 동원되는 노예의 처지로 70년 세월을 보내면서도 '앗수르 제국의 정책과 다른 바벨론 제국의 정책' 덕분에(?) 그들의 혈통만은 유지할 수 있었습니다.

그리고 그들은 바벨론에서 성전은 없었지만 예레미야의 편지와 에스겔의 가르침에 따라 그곳에서 다시 율법을 공부하며, '회당'(syna-gogue)[1]을 만들고, 〈제사장 나라 거룩한 시민〉으로 거듭나기 위한 필

---

1) '회당'이란 그리스어로 '함께 모이다'라는 뜻의 'synagein'에서 유래한 것으로서 '집회 장소'를 뜻함. 바벨론 포로 때 유대인들이 예루살렘 성전을 대신할 유대인들의 종교 모임 장소로 만듦. 이후 신약시대에는 유대인들의 종교적인 모임을 위한 장소이자 율법학교의 역할을 했으며, 더 나아가 사법적인 절차를 집행하는 곳으로 확대 발전됨. 회당은 성전과 달리 유대인들이 모여 사는 곳이면 어느 지역이든 설립될 수 있었음. 회당에서는 성경과 율법을 가르쳤으며, 안식일에 유대인들이 모여 안식일을 지키는 장소였음. 각 지역의 회당들은 지역 원로들이 전체적으로 감독했지만, 회당의 직접적인 관리자는 '회당장과 시중드는 이들'이었음. '시중드는 이들'의 특별한 직무는 회당의 시설과 성경 두루마리를 관리하고, 아이들에게 성경 읽기를 가르치고, 율법을 위반한 사람들에게 채찍질을 집행하고, 안식일을 알리는 나팔을 부는 일을 담당했음. 회당 건물은 크기나 형태가 다양했지만 대체로 직사각형 모양이었고, 출입구는 예루살렘 성전을 향했음. 회당에서는 유대인들뿐 아니라 유대교로 개종한 이방인들도 만날 수 있기 때문에 사도들과 초기 복음 전도자들은 복음을 전파하기 위해 초기에 회당을 많이 이용했었음.

사의 노력을 다했습니다.

바벨론 제국이 유대의 지도부를 완전히 와해시켰음에도 불구하고, 회당을 만든 덕분에 페르시아 제국이 에스라에게 유대의 자치 지도부를 만들도록 허락했을 때에 '에스라를 비롯해 대제사장들과 백성에 의해 선출되는 장로들'을 어렵지 않게 조직할 수 있었습니다.

> "에스라여 너는 네 손에 있는 네 하나님의 지혜를 따라
> 네 하나님의 율법을 아는 자를 법관과 재판관을 삼아
> 강 건너편 모든 백성을 재판하게 하고
> 그 중 알지 못하는 자는 너희가 가르치라
> 무릇 네 하나님의 명령과 왕의 명령을 준행하지 아니하는 자는
> 속히 그 죄를 정하여 **혹 죽이거나 귀양 보내거나**
> **가산을 몰수하거나 옥에 가둘지니라**"(스 7:25-26)

페르시아 제국 때에 만들어진 유대의 자치 기구인 '산헤드린 공회'는 이후에 '헬라 제국'으로 고대 근동의 주인이 변동되면서, '유대 민족의 민의(民意)를 헬라 제국에 전달하는 원로 회의'로 그 성격이 바뀌게 됩니다.

그 이후 유대가 헬라 제국의 통치에서 벗어나 약 80년간 독립국가가 되어 마카비 혁명을 성공시킨 하스몬 가문이 유대를 다스리게 되면서, 산헤드린 공회는 명실 공히 '유대 전 지역의 율법을 관장하는 최고

의 자치 기구'가 됩니다. 그리고 산헤드린 공회는 예루살렘 성전 한쪽에 회의실 건물까지 가지게 됩니다.

그러나 유대는 그 이후 다시금 '로마 제국의 식민지'가 됩니다. 그러면서 유대를 다스리게 된 분봉 왕 헤롯과 산헤드린 공회는 자주 충돌하게 됩니다.

그러자 유대의 분봉 왕 헤롯은 자신의 통치에 반대하는 유대의 세습 귀족들을 축출하고, 산헤드린 공회를 자기 뜻대로 움직일 수 있는 '정치 도구로 전락'시켜 버립니다.

결국 '헤롯과 로마 총독의 정치 도구로 전락한 산헤드린 공회'는 예루살렘 성전을 책임지고 관리한다는 명목으로 성전의 헌금을 헤롯과 로마 총독에게 정치자금으로 바치며 생존하는 정치력(?) 있는 종교 전문인들로 살아가게 됩니다. 그러자 '헤롯과 로마 총독도 돈값(?)을 하며 그들의 든든한 뒷배'가 되어주었습니다.

이것이 예수님 당시 유대 자치 지도부라는 산헤드린 공회[2]의 안타까운 현실이었습니다.

---

2) 유대의 각 지방에는 보통 23명으로 구성된 자체 산헤드린이 있었음. 이들은 예루살렘 산헤드린 공회에서 임명하였음. 예루살렘 산헤드린 공회는 71명(또는 70명)으로 구성되었고, 유대 민족의 민사 사건들과 모든 종교적인 문제들을 총괄하는 최고 사법 기구였음. 최고의장은 대체로 대제사장이 맡았으며, 그 구성원들은 제사장들, 장로들, 서기관들임. 서기관은 대부분 바리새인 출신인 율법 학자들이었음. 공회는 안식일과 명절을 제외하고 매일 열렸다고도 하며, 월요일과 목요일에 열렸다는 의견도 있음. 보통의 경우 아침 번제 끝난 후부터 시작하여 저녁 번제가 시작될 때 마쳤다고 함.

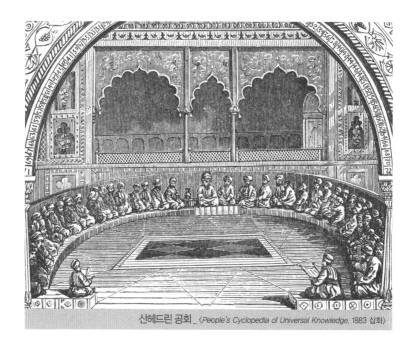

산헤드린 공회 _ 〈People's Cyclopedia of Universal Knowledge, 1883 삽화〉

　　예수님 당시에도 '산헤드린 공회의 공회원들은 71명'으로 구성되어 있었습니다. 산헤드린 공회는 크게 세 부류로 나뉘어져 있었습니다.

　　첫째 부류는 '대제사장과 그를 보좌하는 제사장들'이었습니다. 제사장들은 성전경비대장, 성전창고 관리장, 그리고 대제사장을 도와 성전 제사를 돕는 제사장들로 구성되어 있었는데 그들의 숫자는 대략 10명 정도였으며 대부분 '사두개인'이었습니다.

　　그들은 '헬라 제국이 유대를 다스리던 때'부터 대놓고 '제사장직을 돈으로 사는 사람들'이었으며, '성전 안의 모든 경제적 이권을 챙기는 자들'이었습니다.

산헤드린 공회원들 가운데 두 번째 부류는 '백성의 원로들', 즉 장로들이었습니다. 그들은 유대 사회에서 세습되어온 귀족들로서 각 지파의 장로들이었고, 당시 유대 사회 내의 경제적 중산층들로 하시딤의 후예들인 '바리새인'들이었습니다.

마지막으로 산헤드린 공회원들 가운데 세 번째 부류는 '율법 학자'들이었습니다. 당시에 그들은 '랍비' 혹은 '선생'이라고 불리던 자들로 유대 사회에서 '백성들로부터 가장 존경받는 신분'이었으며, 많은 이들이 바리새인 출신이었습니다. 예를 들어, 사도 바울의 스승이었던 가말리엘이 여기에 속합니다. 때문에 산헤드린 공회에서 이들의 역할은 매우 중요했습니다.

산헤드린 공회원들은 예루살렘 성전에서 '경제적 이득을 획득할 수 있는 곳'을 정확하게 찾아냈습니다.

그들은 성전의 지성소와 성소가 아닌 '이방인의 뜰에 주목'했습니다. 그래서 대제사장들과 산헤드린 공회는 그들의 경제적 이익을 위해 '이방인의 뜰'의 용도를 그들 마음대로 변경시켰던 것입니다.

하나님께서 주신 성전 설계도에 따르면, '이방인의 뜰'은 세상의 모든 사람들이 '누구나 와서 하늘의 하나님께 기도할 수 있는 곳'이었습니다.

그런데 예수님 당시에는 유대에 사는 유대인들에 비해 로마 제국 전역에 살고 있던 디아스포라 유대인들의 경제력이 훨씬 월등할 때였고, 그들이 유월절과 오순절과 초막절에 예루살렘 성전에 와서 바치는 헌금은 어마어마할 정도였습니다.

그래서 대제사장들과 산헤드린 공회원들에게는 '이방인의 뜰'에 '기도만 하러 오는 세계 각국의 이방인들'보다, 예루살렘 성전에 '큰돈을 헌금하는 디아스포라 유대인들'이 더 중요한 고객이었던 것입니다.

때문에 예루살렘 성전의 대제사장들과 산헤드린 공회는 디아스포라 유대인들의 편의를 위해 '이방인의 뜰'에서 디아스포라 유대인들이 편하게 환전하고, 우아하게 제물 쇼핑(?)을 할 수 있도록 '이방인의 뜰'의 용도를 완전히 변경시켜버렸습니다.

그런데 유월절에 예루살렘 성전에 올라가신 예수님께서 대제사장들과 산헤드린 공회가 신경을 가장 많이 쓰는 '이방인의 뜰'에서 문제를 일으키셨던 것입니다. 심지어 성전에 들어가서 가르치기까지 하셨습니다.

> 예수께서 성전에 들어가사
> 성전 안에서 매매하는 모든 사람들을 내쫓으시며
> 돈 바꾸는 사람들의 상과
> 비둘기 파는 사람들의 의자를 둘러 엎으시고
> 그들에게 말씀하십니다.

"기록된 바 내 집은 **기도하는 집**이라

일컬음을 받으리라 하였거늘

너희는 **강도의 소굴**을 만드는도다"(마 21:12-13)

그러자 평소 산헤드린 공회 내부에서는 서로 견제하며 사이가 좋지 않았던 사두개파와 바리새파가 예수를 죽이는 일에는 마음이 하나가 되었습니다.

"그 때에 **대제사장들과 백성의 장로들이**

가야바라 하는 대제사장의 관정에 모여

예수를 흉계로 잡아 죽이려고 의논하되"(마 26:3-4)

'사두개파'는 〈성전〉에서 주로 제사를 집례하는 제사장들로 〈모세5경〉만을 그들의 경전으로 받아들이고, 또한 헬라 사상을 받아들여 천사와 영의 존재와 '부활을 믿지 않는 자들'이었습니다.

"부활이 없다 하는 사두개인들이 예수께 와서 물어 이르되"(막 12:18)

반면, '바리새파'는 〈모세5경과 선지자들의 글〉을 모두 경전으로 받아들이며, 〈회당〉에서 주로 활동하고, 장로들의 전통을 중시하고, 정결법과 십일조를 강조하고, 천사의 존재와 사후 심판을 믿으며, 안식일을 철저하게 준수하고, 길을 가다가도 기도 시간이 되면 그 자리에 멈춰 기도하는 '부활을 믿는 자들'이었습니다.

"이는 사두개인은 부활도 없고 천사도 없고 영도 없다 하고
바리새인은 다 있다 함이라"(행 23:8)

때문에 '사두개파와 바리새파'는 평소에 그들이 믿는 경전의 차이,
그리고 부활을 믿느냐, 믿지 않느냐의 문제로 서로 늘 으르렁거리는
사이였는데, '이방인의 뜰'에서의 '경제적 이익' 앞에서 두 파당은 물론
이거니와 율법교사들인 랍비들까지도 함께 가세해 모두 한마음이 되
었던 것입니다.

산헤드린 공회는 원래 유대의 가장 큰 명절인 유월절에 예수를 죽
이기로 모의했었습니다.

그런데 예루살렘성으로 입성하시는 예수님께 종려나무 가지를 흔
들며 "호산나 다윗의 자손이여"라고 외치며 열렬히 환호했던 유대 민
중들이, 자신들이 지지하는 예수를 산헤드린 공회가 체포하고 죽이기
까지 하면 혹시 반대급부로 민란을 일으킬 위험이 있음을 간파하고 일
단 이번 유월절에는 예수를 죽이지 말자고 후퇴합니다.

그러다가 갑작스런 변수로 등장한 가룟 유다의 배신을 기회로 산
헤드린 공회가 다시 그 유월절에 예수를 죽이기로 결의합니다. 그리고
결국 그들은 '1,500년 된 유월절을 첫 번째 성찬식으로 바꾸시고' 겟세
마네 동산에 기도하러 가신 예수님을, 그들의 종교 권력을 가지고 전

광석화(電光石火)처럼 한밤중에 체포합니다.

산헤드린 공회가 한밤중에 급파한 공권력에 의해 체포되신 예수님은 바로 대제사장 가야바가 있는 곳으로 잡혀가시는데, 이미 그곳에는 산헤드린 공회원들이 모두 모여 있었습니다. 한밤중에 산헤드린 공회 재판이 열릴 모든 준비가 다 되어 있었던 것입니다.

"예수를 잡은 자들이 그를 끌고 대제사장 가야바에게로 가니 거기 서기관과 장로들이 모여 있더라"(마 26:57)

그런데 재판이 허접하기가 이를 데 없었습니다. '재판장인 대제사장과 검사들인 산헤드린 공회원' 전체가 힘을 합해서 하는 일이 공정한 재판이 아닌, '피고가 된 예수를 죽이기 위한 거짓 증거와 거짓 증인의 증언'만이 난무했기 때문입니다.

"대제사장들과 온 공회가 예수를 죽이려고
그를 칠 **거짓 증거**를 찾으매 **거짓 증인**이 많이 왔으나
얻지 못하더니 후에 두 사람이 와서"(마 26:59-60)

밤새워 산헤드린 공회 재판이 진행되는 동안 피고가 되신 예수님은 묵비권을 행사하셨습니다. 검사들의 질문과 거짓 증인들의 증언에 대답할 가치조차 없으셨기 때문입니다.

그러다가 예수님께서는 가장 중요한 한마디로 증언을 하십니다. 당신이 '하나님의 아들'이심을 밝히 드러내신 것입니다. 그리고 더 나아가 예수님께서는 '승천과 이후 하나님 우편에 계실 것, 그리고 재림'을 말씀하십니다.

예수님께서 침묵하시자 대제사장이 말합니다.
"내가 너로 살아 계신 하나님께 맹세하게 하노니
네가 **하나님의 아들** 그리스도인지 우리에게 말하라"

예수님께서 말씀하십니다.
"네가 말하였느니라 그러나 내가 너희에게 이르노니
이 후에 인자가 **권능의 우편**에 앉아 있는 것과
하늘 **구름**을 타고 오는 것을 너희가 보리라"(마 26:63-64)

만약 대제사장들과 산헤드린 공회가 정상적인 종교 지도자들이었다면, 그들은 자신들이 그토록 고대하던 메시아를 만났으니 기뻐하며 예수님 앞에 꿇어 엎드려야 마땅했습니다. 그런데 그들은 사실 메시아를 기대하거나 기다리는 사람들이 아니었습니다.

그들은 그들의 안정된 평생직장과도 같은 예루살렘 성전과 회당에서 그들이 누리고 있는 '기득권을 지키는 것', 그리고 자기 자식들에게 '기득권을 세습(世襲)하는 것' 외에는 다른 어떤 것에도 관심이 없는 자들이었습니다.

대제사장 앞에 선 예수님 _ 알레산드로 만토바니 作

　그래서 산헤드린 공회원들은 예수님이 친히 당신이 살아계신 하나님의 아들이라고 말하자 자신들의 옷을 찢고, 이는 사형에 해당하는 죄라고 말하며, 예수님의 얼굴에 침을 뱉고, 주먹으로 치고, 손바닥으로 예수님을 때렸습니다.

　대제사장이 공회원들에게 묻습니다.
　"그가 신성모독 하는 말을 하였으니 어찌 더 증인을 요구하리요
　보라 너희가 지금 이 신성모독 하는 말을 들었도다
　너희 생각은 어떠하냐"
　산헤드린 공회원들이 대답합니다.
　"그는 사형에 해당하니라"

이에 예수의 얼굴에 침 뱉으며 주먹으로 치고
어떤 사람은 손바닥으로 때리며(마 26:65-67)

밤새워 진행되던 산헤드린 공회 재판은 새벽이 되자, 산헤드린 공회의 최종 의결로 이어졌습니다. 그러나 그들의 의결은 사실 요식 행위였을 뿐, 아무런 의미가 없었습니다. 그들의 결론은 처음부터 예수를 죽이는 것이기 때문입니다.

마침내 공식 발표된 산헤드린 공회 재판의 '최종 판결'은 예수를 결박한 채로 끌고 가서 로마 총독 빌라도 재판으로 넘기는 것이었습니다.

"새벽에 모든 대제사장과 백성의 장로들이
예수를 죽이려고 함께 의논하고 결박하여 끌고 가서
총독 빌라도에게 넘겨 주니라"(마 27:1-2)

빌라도 총독이 산헤드린 공회의 올무에 걸리게 된 것입니다. 산헤드린 공회는 빌라도 총독의 돈줄(?)이었습니다. 그래서 이들의 요구를 그냥 무시할 수 없었습니다. 그러면서도 예수님이 당시 유대 민중들의 희망이라는 것도 충분히 알고 있었습니다. 때문에 빌라도는 이 재판에 자신의 모든 정치력을 총동원해야만 했습니다.

예수께 총독이 물어봅니다.
"네가 유대인의 왕이냐"

예수께서 대답하십니다.

"네 말이 옳도다"(마 27:11)

그리고 그 이후 이어지는 산헤드린 공회의 대제사장들과 장로들의 고발에 대해서 예수님께서는 다시금 묵비권을 행사하셨습니다. 그러자 빌라도는 예수님께 "산헤드린 공회원들이 당신을 음해하기 위해 얼마나 열심히 고소 고발과 거짓 증언을 쏟아놓는데, 왜 그들로부터 자신을 방어하지 않느냐"고 묻습니다.

예수님께서는 빌라도의 그 질문에 대답을 하지 않으셨습니다. 이런 예수님의 태도에 빌라도가 오히려 당황합니다.

빌라도가 다시 묻습니다.

"그들이 너를 쳐서 얼마나 많은 것으로 증언하는지
듣지 못하느냐"

예수께서 한 마디도 대답하지 않으시니
총독이 크게 놀라워합니다. (마 27:13-14)

그러자 빌라도가 산헤드린 공회에게는 면을 세우고, 유대 민중들에게는 민란을 일으키지 못할 정도의 만족을 주고, 자신은 책임을 회피할 수 있는 '정치적 묘수'인 〈유월절 특사〉 카드를 꺼내 들었습니다.

빌라도는 산헤드린 공회가 굳이 예수를 죽이려고까지 하는 이유를 정확하게 알고 있었기 때문입니다. 산헤드린 공회가 그렇게까지 무리수를 두는 이유는, 그들이 예수를 '시기'하고 있기 때문임을 빌라도는 이미 간파하고 있었던 것입니다.

명절이 되면 총독이 무리의 청원대로
죄수 한 사람을 놓아 주는 전례가 있습니다.
그 때에 바라바라 하는 유명한 죄수가 있는데
민중들이 모였을 때에 빌라도가 묻습니다.
"너희는 내가 누구를 너희에게 놓아 주기를 원하느냐
바라바냐 그리스도라 하는 예수냐"(마 27:15-17)

민중들이 외칩니다.
"바라바로소이다"
빌라도가 다시 묻습니다.
"그러면 그리스도라 하는 예수를 내가 어떻게 하랴"
그들이 다같이 말합니다.
"십자가에 못 박혀야 하겠나이다"(마 27:21-22)

산헤드린 공회원들은 역시 노련했습니다. 그들은 '자신들이 가진 경제력을 언제, 어떻게, 어디에 써야 할지를 아는 영악한 사람들'이었기 때문입니다.

빌라도 앞에 선 예수 그리스도 _ 미하일 뭉카치 作

　산헤드린 공회는 그들이 가진 종교 권력을 계속 유지하기 위해 이
번에는 그들의 경제력을 유대 민중들에게 과감하게 풀었습니다. 그래
서 유월절 특사로 예수를 석방하고자 하는 빌라도 앞에서 유대 민중들
이 갑자기 한목소리로 "예수는 십자가에 못 박혀야 하겠나이다"라고
외친 것입니다.

　그들은 바로 며칠 전 "호산나 다윗의 자손이여"라고 외치며 예수님
의 예루살렘 입성을 열렬히 환호하던 유대 민중들이었습니다. 그런데
그들이 말도 안 되게 불과 며칠 사이에 달라도 너무 다른 말을 하고 있
는 것입니다.

　빌라도가 묻습니다.

"어찜이냐 무슨 악한 일을 하였느냐"

그들이 더욱 소리 질러 대답합니다.

"십자가에 못 박혀야 하겠나이다"(마 27:23)

빌라도가 보기에 유대 민중들의 말과 행동은 이해가 가지 않았지만, 가난한 유대 민중들이 왜 갑자기 태도를 바꿔 그러한 주장을 하는지는 충분히 눈치를 챘습니다. 산헤드린 공회의 경제력이면 그 정도는 일도 아니었기 때문입니다.

빌라도는 사람들 앞에 손을 씻으며 예수를 산헤드린 공회와 유대 민중들이 원하는 대로 '십자가형'으로 처형해주기는 하겠지만, 그 일에 대해 자신은 책임이 없다고 말합니다.

"이 사람의 피에 대하여 나는 무죄하니 너희가 당하라"(마 27:24)

그러자 유대 민중들은 예수를 처형하는 일에 대해 자신들과 자신들의 자손들이 책임질 것이니 반드시 예수를 십자가형에 처해달라고 소리쳤습니다. 아마 그때 동원(?)되었던 유대 민중들은 산헤드린 공회로부터 생각 이상으로 큰돈을 받았던 것 같습니다. 그들이 그렇게까지 심하게 오버(?)를 한 것을 보면 말입니다.

"그 피를 우리와 우리 자손에게 돌릴지어다"(마 27:25)

빌라도는 산헤드린 공회원들을 향해 어깨와 두 손을 들썩이며, 고개를 절레절레 흔들었습니다. 그리고 그들을 향해 'You Win!!'(그래 당신들이 이겼어) 이라고 속으로 말했을 것입니다. 결국 바라바는 석방되고, 예수님은 '채찍질'을 당하시고 십자가 처형을 당하시게 됩니다.

로마 제국하에서 십자가 처형을 받는 죄인들은 채찍으로 먼저 맞는 것이 통상이었습니다.

"이에 바라바는 그들에게 놓아 주고
예수는 채찍질하고 십자가에 못 박히게 넘겨 주니라"(마 27:26)

예수님께서 십자가에 달리시기 전 로마 군인들에게 맞으신 채찍은, 유대의 채찍과 달리 로마 제국이 죄수들에게 최대한의 수치와 육체적 고통을 주기 위해 특별히 고안된 어마무시한 채찍이었습니다. 로마 제국의 채찍은 가죽 채찍에 쇳조각이나 동물의 뼛조각을 붙여 죄수가 심각한 창상을 입도록 고안되었던 것입니다.

그래서 로마 제국의 채찍에 심하게 맞으면 살점이 떨어져 나오기도 하고, 혈관이나 동맥이 절단되기도 했으며, 심지어 눈이 튀어나오기까지도 했습니다. 예수님께서는 십자가를 지시기 전, 로마 제국의 극악무도한 죄인들이 맞는 그 무서운 채찍에 맞으셨던 것입니다.

로마 제국의 군인들은 채찍에 맞아 거의 다 죽게 된 예수님을 이리저리 끌고 다니며 그들의 동료 군인들에게 자랑삼아 보여주었습니다.

그리고 예수님을 희롱하기 위해 예수님께서 입고 계시던 옷을 벗기고, 왕의 옷인 붉은 홍포를 입혔습니다.

또 로마 군인들은 가시관을 엮어 예수님의 머리에 왕관처럼 씌우고, 갈대를 예수님의 오른손에 들게 했습니다. 그러더니 마치 왕 앞의 신하들처럼 예수님 앞에 무릎을 꿇고 "유대인의 왕이여 평안할지어다"라고 말하며 예수님을 희롱하는 왕 놀이를 했습니다.

로마 군인들은 예수님께 침을 뱉고 다시 예수님의 오른손에서 갈대를 빼앗아 가시로 만든 관을 쓰고 계신 예수님의 머리를 때린 후, 예수님께서 원래 입으셨던 옷으로 입히고 십자가에 못 박기 위해 골고다 언덕으로 끌고 가기 시작했습니다.

이에 총독의 군병들이 예수를 데리고 관정 안으로 들어가서
온 군대를 그에게로 모으고 그의 옷을 벗기고 홍포를 입히며
가시관을 엮어 그 머리에 씌우고 갈대를 그 오른손에 들리고
그 앞에서 무릎을 꿇고 희롱하며 말합니다.

"유대인의 왕이여 평안할지어다"
그에게 침 뱉고 갈대를 빼앗아 그의 머리를 칩니다.
희롱을 다 한 후 홍포를 벗기고 도로 그의 옷을 입혀
십자가에 못 박으려고 끌고 나갑니다. (마 27:27-31)

골고다 언덕에서 로마 총독의 군인들은 예수님을 십자가에 못 박아 매달고, 예수님의 옷을 제비 뽑아 나누어 가졌습니다. 십자가에 달리신 예수님의 머리 위에는 〈유대인의 왕〉이라는 명패가 붙어 있었습니다. 예수님께서는 십자가 위에서도 지나가는 사람들과 산헤드린 공회원들에게 모욕을 당하셨습니다.

지나가는 자들이 자기 머리를 흔들며 예수를 모욕합니다.
"성전을 헐고 사흘에 짓는 자여
네가 만일 하나님의 아들이어든
자기를 구원하고 십자가에서 내려오라"

대제사장들도 서기관들과 장로들과 함께 희롱합니다.
"그가 남은 구원하였으되 자기는 구원할 수 없도다
그가 이스라엘의 왕이로다 지금 십자가에서 내려올지어다
그리하면 우리가 믿겠노라"(마 27:39-42)

그리고 예수님께서는 십자가에서 그 고통의 시간을 다 보내신 후 "다 이루었다"라고 말씀하시고 숨을 거두셨습니다. 그때 예루살렘 성전의 휘장이 위로부터 아래로 찢어져 둘로 나뉩니다.

"예수께서 다시 크게 소리 지르시고 영혼이 떠나시니라
이에 성소 휘장이 위로부터 아래까지 찢어져 둘이 되고
땅이 진동하며 바위가 터지고"(마 27:50-51)

예수님을 십자가에서 죽게 한 〈1차 산헤드린 공회 재판〉과 〈빌라도 독 재판〉은 이처럼 체포와 두 번의 재판, 판결과 형의 집행까지 24시간도 채 안 걸린 말도 안 되는 재판이었습니다.

결국 예수님을 로마의 형틀인 십자가에 매달아 죽게 한 산헤드린 공회는 그들의 뛰어난 정치력에 스스로 크게 만족하며, 사후 일처리까지도 깔끔한 모습을 보여주었습니다. 언론을 통제하며 십자가에서 죽은 예수는 신성모독자, 성전모독자, 자칭 유대인의 왕, 그리고 부활을 속이는 자라고 널리 알린 것입니다.

더 나아가 산헤드린 공회는 예수의 부활까지도 완벽하게 숨길 수 있도록 대비해 놓았습니다. 예수님의 부활을 직접 목도한 로마 군인들에게까지도 큰돈을 주고 입을 막았을 뿐 아니라, 예수님의 시신을 제자들이 도둑질해갔다는 소문까지도 그들이 직접 내게 했던 것입니다. 산헤드린 공회는 여론까지도 돈으로 조작할 힘이 있었던 것입니다.

여자들이 갈 때 경비병 중 몇이 성에 들어가
모든 된 일을 대제사장들에게 알리니
그들이 장로들과 함께 모여 의논하고
군인들에게 **돈을 많이 주며** 말합니다.

"너희는 말하기를 그의 제자들이 밤에 와서
우리가 잘 때에 그를 도둑질하여 갔다 하라

만일 이 말이 총독에게 들리면

우리가 권하여 너희로 근심하지 않게 하리라"

군인들이 **돈을 받고 가르친 대로** 하여

이 말이 오늘날까지 유대인 가운데 두루 퍼졌습니다. (마 28:11-15)

한편 빌라도는 예수님의 시신을 장사지내기 원하는 산헤드린 공회
원 중 한 명인 아리마대 사람 부자 요셉을 통해 또 뒤로 크게 한 건(?)
을 하기도 했습니다.

사형당해 죽은 사람의 시신을 원하는 사람이 로마 총독과의 독대
를 원했으니, 빌라도 입장에서는 거절할 이유가 하나도 없었습니다.
그리고 그 둘은 서로가 원하는 것을 얻었습니다.

"저물었을 때에 아리마대의 부자 요셉이라 하는 사람이 왔으니

그도 예수의 제자라

빌라도에게 가서 예수의 시체를 달라 하니

이에 빌라도가 내주라 명령하거늘"(마 27:57-58)

이처럼 모든 일이 깨끗하게 정리되자, 산헤드린 공회는 예루살렘
에 다시 평화가 도래했다고 자축했을 것입니다. 그리고 산헤드린 공회
는 예수 사건으로 오히려 헤롯과 빌라도까지도 그들 손안에 더 깊숙이
들어왔다고 좋아했을 것입니다.

그리고 줄어든 그들의 금고의 잔고를 다시 가득 채우기 위해 더 열심히 일해야겠다고 결의를 다졌을 것입니다. 유월절로부터 50일만 지나면 또다시 그들의 대목이 되어줄 오순절 명절이 다가오고 있었기 때문에 ….

A.D. 33년-십자가 사건

1차 산헤드린공회 재판
로마 총독 빌라도 재판

2차 산헤드린공회 재판
제자들 경고
(행 4:17-18)

3차 산헤드린공회 재판
제자들 처벌
(행 5:40-41)

4차 산헤드린공회 재판
스데반 처형
(행 7:57-58)

사도행전 30년

예루살렘 공회
오직 십자가 복음으로
(A.D.49)

5차 산헤드린공회 재판
바울 재판
(행 23:6-7)
로마 총독 벨릭스 재판
(행 24:22-23)

A.D. 64년-로마 대화재 사건

바울의 로마 황제 재판 대기
네로 황제의 1세대 복음 지도자 200여명 처형 명령

예수님의 승천
- 열리는 제자 시대

산헤드린 공회는 민란을 걱정하여 그해 유월절에는 예수님 죽이는 것을 보류하기로 결의했습니다. 그러나 예수님께서는 바로 그 유월절을 이틀 앞두고 당신이 십자가에 못 박히기 위하여 팔릴 것이라고 이미 말씀하셨습니다. 그리고 예수님의 말씀대로 유월절에 십자가에서 죽으셨습니다.

"너희가 아는 바와 같이 이틀이 지나면 유월절이라
인자가 십자가에 못 박히기 위하여 **팔리리라**"

그 때에 대제사장들과 백성의 장로들이
가야바라 하는 대제사장의 관정에 모여
예수를 흉계로 잡아 죽이려고 의논하며 말합니다.

"민란이 날까 하노니 명절에는 하지 말자"(마 26:2-5)

예수님의 말씀대로 바로 '그 유월절'에 예수님께서 십자가를 지신 이유는, 그때가 바로 하나님께서 '정하신 때'였기 때문입니다.

예수님께서는 바로 '그 유월절'에 1,500년의 역사를 뒤로하며 '마지막 유월절을 기념'하시고, '첫 번째 성찬식을 제정'하신 후 십자가를 지셨습니다.

예수님 때로부터 1,500년 전 애굽에서 '1년 된 어린 양의 피로 시작된 유월절'은 아브라함의 후손들이 애굽에서 종으로 살다가 출애굽하여 제사장 나라를 시작한, 이스라엘이 가장 중요하게 기념하는 날이었습니다.

말 그대로 유월절은 제사장 나라의 시작이었던 것입니다. 그래서 하나님께서는 이스라엘에게 그날을 반드시 기억하고 지키며 '제사장 나라 거룩한 시민'이 되라고 명령하셨습니다.

그런데 1,500년의 마지막 유월절을 기념한 바로 그날 예수님께서 베푸신 첫 번째 성찬식을 통해, 우리는 그때부터 유월절, "이 날을 기념하라"가 아닌, 우리에게 당신의 살과 피를 주시며 "나를 기념하라"고 하신 말씀대로 예수님을 따르며 기념하는 자들이 되었습니다.

그래서 그리스도인들은 성찬식을 통해 '예수님의 죽으심과 부활을 기념'하는 것입니다.

이처럼 예수님께서는 1,500년 된 유월절을 마지막으로 지키시고, 그날 첫 번째 성찬을 행하심으로 '유월절 어린 양'이 아닌 '하나님의 어린 양'으로 새로운 시작을 하셨습니다. 이것은 오래된 하나님의 계획이었습니다. 그러나 산헤드린 공회는 유월절에 예수님을 십자가에서 죽게 한 것이 자신들의 힘과 권력이 그만큼 강했기 때문이라고 착각했습니다.

산헤드린 공회가 그렇게 착각한 이유는, 예수님의 열두 제자 가운데 한 명인 가룟 유다가 예수님을 배신하고 산헤드린 공회를 제 발로 직접 찾아왔었기 때문입니다. 산헤드린 공회원들은 이것이 다시 올 수 없는 절호의 기회라고 생각했던 것입니다.

가룟 유다는 산헤드린 공회원들에게 예수님을 넘기면 얼마를 줄 수 있냐고 물었습니다. 그러자 노련한 산헤드린 공회원들은 가룟 유다에게 예수님의 몸값을 '은 삼십'(대략 120일 정도의 노동자의 임금)이라고 책정해서 제시했습니다.

가룟 유다의 눈빛을 통해 그 정도의 돈이면 만족한다는 것을 간파한 산헤드린 공회원들은 가룟 유다의 마음이 변하지 않도록 전액을 미리 그 자리에서 선 결제(?)해주었습니다. 산헤드린 공회에게 그 정도의 돈은 즉석에서 결제가 가능한 액수였던 것입니다.

그러자 산헤드린 공회의 의도대로, 가룟 유다는 예수님을 산헤드린 공회에 팔아넘길 가장 좋은 타이밍을 찾기 위해 최선을 다했습니다.

열둘 중의 하나인 가룟 유다라 하는 자가
대제사장들에게 가서 말합니다.
"내가 예수를 너희에게 넘겨 주리니 얼마나 주려느냐"
그들이 은 삼십을 달아 줍니다.
가룟 유다가 그 때부터
예수를 넘겨 줄 기회를 찾습니다. (마 26:14-16)

결국 유대인의 가장 큰 명절인 유월절에 예수님께서는 〈1차 산혜드
린 공회 재판〉과 〈빌라도 총독 재판〉을 통해 십자가에서 죽임을 당하
셨고, 산혜드린 공회는 '위기를 기회로 바꾸고' 전처럼 다시 그들의 평
온한(?) 일상으로 돌아갔습니다. 산혜드린 공회는 그들의 평온한 일상
을 위해서 생각 이상으로 큰 비용을 지출했습니다.

산혜드린 공회가 그들의 걸림돌이라 생각한 예수를 죽이기 위해
사용한 지출 내역은 대략만 살펴보아도 다음과 같습니다.

1) 가룟 유다에게 준 은 삼십
2) 유월절 전날 밤에 예수님을 체포하기 위해 무장(칼과 몽치)하고
   출동한, 산혜드린 공회가 파견한, 큰 무리들의 수당과 야간근로
   특별수당
3) 1차 산혜드린 공회가 열릴 때 거짓 증언을 해준 많은 증인들에
   게 주어진 수당
4) 헤롯과 빌라도에게 건넨 거액의 뇌물과 십자가 처형 비용으로

바친 정치자금

5) "예수는 십자가에 못 박혀야 하겠나이다"라고 빌라도 앞에서 큰
   소리로 외쳐주기 위해 동원된 유대 민중들에게 나누어준 전투(?)
   수당

6) 예수님의 부활을 보고 놀라 대제사장을 찾아온 로마 군인들에
   게 준 거액의 돈

7) 예수를 죽이기 위해 수차례 모였던 회의비 기타 비용 등 …

이렇게 예수를 죽이는 데 큰 비용을 지출했던 산헤드린 공회는 유
월절 직전에 디아스포라 유대인들이 바칠 거액의 헌금을 위해 예루살
렘 성전의 헌금함을 모두 비워두었던 것처럼, 오순절을 앞두고 또다시
예루살렘 성전의 헌금함을 비우는 작업을 시작했습니다. 찢어진 성전
의 휘장도 비밀리에 감쪽같이 꿰매는 작업을 하면서 말입니다.

그런데 유월절에서 오순절로 가는 50일 사이에 역사가 바뀌고 있
었습니다. 산헤드린 공회가 예수님의 무덤을 지키던 로마 군인들을 통
해 오히려 제자들이 예수님의 시신을 훔쳐갔다고 널리 알리게 해 여론
까지도 완벽하게 장악했다고 생각했던 그때에 또다시 일이 터지기 시
작한 것입니다.

예수님께서 말씀대로 십자가에서 죽으신 지 사흘 만에 사망 권세
를 이기시고 부활하신 것입니다. 그리고 부활하신 예수님께서 직접 흩
어졌던 제자들을 찾아가셔서 그들을 설득해 다시 예루살렘에 모이게

하셨습니다.

안식 후 첫날 저녁 때에
제자들이 유대인들을 두려워하여 모인 곳의 문들을 닫았습니다.
그 자리에 예수님께서 오셔서 말씀하십니다.
"너희에게 평강이 있을지어다"
이 말씀을 하시면서 손과 옆구리를 보이시니
제자들이 예수님을 보고 기뻐합니다. (요 20:19-20)

여드레가 지난 후 제자들이 다시 집 안에 있을 때
도마도 함께 있고 문들이 닫혔는데
예수님께서 오셔서 말씀하십니다.
"너희에게 평강이 있을지어다"(요 20:26)

"그 후에 예수께서 디베랴 호수에서 또 제자들에게
자기를 나타내셨으니 나타내신 일은 이러하니라"(요 21:1)

이렇게 예수님께서는 부활의 몸으로 40일 동안 세상에 머무르시
면서 많은 사람들에게 부활하신 주님의 모습을 보여주심으로 그들로
하여금 '부활의 증인'이 되게 하셨습니다.

그러자 부활하신 주님을 직접 목도한 부활의 증인들은 그때로부터
산헤드린 공회가 어떤 거짓말과 위협으로 그들을 협박해도 결코 넘어
가지 않는 정말 무서운 조직이 되기 시작했습니다.

"그가 고난 받으신 후에

또한 그들에게 확실한 많은 증거로 친히 살아 계심을 나타내사

사십 일 동안 그들에게 보이시며

하나님 나라의 일을 말씀하시니라"(행 1:3)

부활하신 몸으로 40일간 이 땅에 머무르셨던 예수님께서는 제자들에게 '미션'을 주셨습니다. 그 후 하늘로 올라가시고, 흰 옷 입은 두 사람이 예수님께서 올라가신 그대로 다시 오실 것이라고 전했습니다.

"예루살렘을 **떠나지 말고**

내게서 들은 바 아버지께서 약속하신 것을 기다리라

요한은 물로 세례를 베풀었으나 너희는 몇 날이 못되어

성령으로 세례를 받으리라"(행 1:4-5)

"오직 성령이 너희에게 임하시면 너희가 권능을 받고

예루살렘과 온 유대와 사마리아와 **땅 끝까지** 이르러

내 증인이 되리라 하시니라"(행 1:8)

부활하신 예수님께서는 앞으로 '몇 날이 못 되어' 즉, 며칠 안에 예수님의 부활과 승천의 증인들이 성령을 받게 될 것이니 예루살렘을 떠나지 말고 성령을 기다리라고 말씀하셨습니다. 그리고 예수님의 말씀대로 그들에게 성령이 임하면, 그들 스스로 생각해도 믿기지 않을 만큼의 놀라운 능력으로 그들이 온 세상에 예수 그리스도를 전하는 증인

들이 될 것이라고 말씀해주셨습니다.

이는 우리 주님이 보내시는 성령을 받게 되면, '성령의 도우심'으로 주님이 맡겨주시는 '사명'을 능히 감당할 수 있게 된다는 것입니다.

예수님은 이 말씀을 마치시고
그들이 보는 가운데 하늘로 올려져 가십니다.
올라가실 때에 제자들이 자세히 하늘을 쳐다보고 있는데
흰 옷 입은 두 사람이 그들 곁에 서서 말합니다.
"갈릴리 사람들아 어찌하여 서서 하늘을 쳐다보느냐
너희 가운데서 하늘로 올려지신 이 예수는
하늘로 가심을 본 그대로 오시리라"(행 1:9-11)

예수님께서 승천하시는 광경을 직접 목도한 예수님을 따르던 120여 명은 용기백배하여 그들이 자주 머물던 마가의 다락방에 함께 모였습니다. 그리고 그들은 예수님의 말씀에 순종하기 위해 먼저 가룟 유다가 버리고 간 예수님의 제자의 자리를 보충하는 일을 시행했습니다.

왜냐하면 이제 예수님의 제자들은 사도가 되어 주의 몸 된 '교회'를 함께 섬기며 책임져야 했기 때문입니다. 그래서 제자들은 가룟 유다를 대신할 가장 적합한 사람을 선출하기 위해 지혜로운 안을 채택하게 됩니다.

요한의 세례로부터 예수님의 지난 3년간의 모든 사역을 함께했고,
예수님의 부활과 승천까지 모두 목도한 자를 찾았는데, 결국 '요셉과
맛디아' 두 명의 후보가 뽑히게 되었습니다. 두 후보 모두 가룟 유다를
대신하는 예수님의 제자로 적합한 자들이었습니다.

"요한의 세례로부터 우리 가운데서 올려져 가신 날까지
주 예수께서 우리 가운데 출입하실 때에
항상 우리와 함께 다니던 사람 중에 하나를 세워
우리와 더불어 예수께서 부활하심을
증언할 사람이 되게 하여야 하리라 하거늘
그들이 두 사람을 내세우니 하나는 바사바라고도 하고
별명은 유스도라고 하는 요셉이요 하나는 맛디아라"(행 1:21-23)

두 명의 후보를 두고 함께 기도하면서, 마지막에 제비뽑기를 통해
맛디아를 선출하게 됩니다.

그들이 기도합니다.
"뭇 사람의 마음을 아시는 주여
이 두 사람 중에 누가 주님께 택하신 바 되어
봉사와 및 사도의 직무를 대신할 자인지를 보이시옵소서
유다는 이 직무를 버리고 제 곳으로 갔나이다"
제비 뽑아 맛디아를 얻으니
그가 열한 사도의 수에 들어가니라(행 1:24-26)

이렇게 사도의 조직을 튼튼하게 재정비한 '초기교회' 즉, 예수를 주라 고백한 사람들은 오순절을 며칠 앞두고 예수님의 명령대로 예루살렘을 떠나지 않고 마가의 다락방에 함께 모였습니다.

"오순절 날이 이미 이르매 그들이 다같이 한 곳에 모였더니
홀연히 하늘로부터 급하고 강한 바람 같은 소리가 있어
그들이 앉은 온 집에 가득하며
마치 불의 혀처럼 갈라지는 것들이 그들에게 보여
각 사람 위에 하나씩 임하여 있더니
그들이 다 성령의 충만함을 받고 성령이 말하게 하심을 따라
다른 언어들로 말하기를 시작하니라"(행 2:1-4)

드디어 예수님께서 말씀하신 대로 마가의 다락방에 모인 사람들에게 성령이 임하셨습니다. 그때로부터 그들은 성령의 도우심으로 예루살렘과 온 유대와 사마리아와 땅끝까지 이르러 예수님의 증인이 되는 '사명'을 감당하게 됩니다.

〈1차 산헤드린 공회 재판〉 때의 거짓 증인들과는 다른, 정말 무서운 진짜 증인들이 세상에 나오게 된 것입니다. 이 사실은 곧 산헤드린 공회에게 또다시 '마른하늘에 날벼락과 같은 소식'으로 전해집니다.

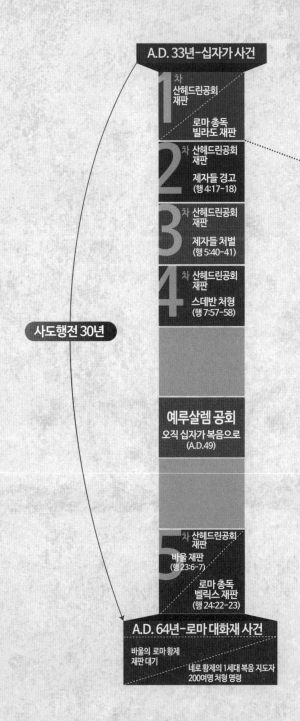

A.D. 33년-십자가 사건

1차 산헤드린공회
재판

로마 총독
빌라도 재판

2차 산헤드린공회
재판

제자들 경고
(행 4:17-18)

3차 산헤드린공회
재판

제자들 처벌
(행 5:40-41)

4차 산헤드린공회
재판

스데반 처형
(행 7:57-58)

사도행전 30년

예루살렘 공회
오직 십자가 복음으로
(A.D.49)

5차 산헤드린공회
재판

바울 재판
(행 23:6-7)

로마 총독
벨릭스 재판
(행 24:22-23)

A.D. 64년-로마 대화재 사건

바울의 로마 황제
재판 대기

네로 황제의 1세대 복음 지도자
200여명 처형 명령

오순절의 성령 강림과 사명
– 마가의 다락방 교회

오늘날 우리는 교회라고 말하면 당연히 '건물'을 생각합니다. 교회를 건물이라 생각하는 이유는 '예루살렘 성전 건물'을 연상하기 때문일 것입니다. 사실 예루살렘 성전은 하나님께서 주신 설계도대로 지은, 하나님의 임재를 상징하는 언약궤를 둔 건물이었습니다.

그러나 예수님께서 친히 세우신 교회는 건물이 아닌 '예수를 주라 고백하는 사람, 그리고 그 사람들의 모임'을 일컫습니다. 그러므로 '예수를 믿는 나' 그리고 '예수를 믿는 우리 공동체가 교회'입니다.

'유월절'(逾越節, Passover)과 함께 유대의 3대 명절[3] 가운데 하나인 '오순절'(五旬節, Pentecost)에 '마가의 다락방에 함께 모여' 예수님의 말

---

3) 유대의 3대 명절 : 유월절, 오순절, 초막절

쓸대로 성령을 기다렸던 120명의 그 사람들, 그리고 그 사람들의 모임이 바로 '교회'입니다.

유월절 50일 후에 돌아오는 유대의 명절인 '오순절'은 새해 첫 추수한 곡식을 하나님께 바치며 감사하는 명절이었습니다. 곡물을 추수해야 하나님의 제단에 가서 곡물로 가루를 만들어 하나님께 드리는 제사인 '소제'를 드릴 수 있기 때문에 오순절은 매우 중요한 날이었습니다.

"소제의 규례는 이러하니라
아론의 자손은 그것을 제단 앞 여호와 앞에 드리되
그 소제의 고운 가루 한 움큼과 기름과
소제물 위의 유향을 다 가져다가 기념물로 제단 위에서 불살라
여호와 앞에 향기로운 냄새가 되게 하고
그 나머지는 아론과 그의 자손이 먹되 누룩을 넣지 말고
거룩한 곳 회막 뜰에서 먹을지니라

그것에 누룩을 넣어 굽지 말라
이는 나의 화제물 중에서 내가 그들에게 주어
그들의 소득이 되게 하는 것이라
속죄제와 속건제 같이 지극히 거룩한즉
아론 자손의 남자는 모두 이를 먹을지니
이는 여호와의 화제물 중에서 대대로 그들의 영원한
소득이 됨이라 이를 만지는 자마다 거룩하리라"(레 6:14-18)

오순절의 첫 번째 추수와 같은 '마가의 다락방 교회'가 세워진 것입니다. 예수님의 몸 된 첫 번째 교회가 오순절에 마가의 다락방에서 이렇게 멋지게 시작되었습니다.

'마가의 다락방 교회'는 '예수를 주라 고백하는 자들인 성도들'의 수가 더 이상 그 장소에 다 모일 수 없을 정도로 많아졌습니다. 이제 그들의 모임을 '예루살렘 교회'라 부르게 되었습니다.

교회가 예수를 주라 고백하는 사람이 아닌 건물이라 생각한다면, 마가의 다락방 교회와 예루살렘 교회는 예루살렘 성전 건물과 비교해 너무나 초라해보였을 것입니다.

교회로 사용하던 '건물'은 세월이 흐르면서, 혹은 여타한 이유로 인해 다른 용도로 변경되는 경우도 있습니다. 그러면 그 건물은 더 이상 교회라 불리지 않습니다. 그러나 예수를 주라 고백하는 사람은 죽어서도 교회인 것입니다.

예수님의 몸 된 교회가 된 마가의 다락방 교회 성도들에게 성령이 임하셨다는 것은, 하나님께서 그곳에 모여 있던 120명의 사람들에게 '사명'을 주시기 위함이었습니다. '성령의 역사하심은 언제나 사명과 연결'되기 때문입니다.

예수님께서 세례 요한에게 세례를 받으시고 물에서 올라오실 때에도 성령이 비둘기와 같이 내려 예수님 위에 임하셨습니다. 예수님께서 소중한 사명을 감당하실 수 있도록 돕기 위해서 말입니다.

"예수께서 세례를 받으시고 곧 물에서 올라오실새

하늘이 열리고 하나님의 성령이 비둘기 같이 내려

자기 위에 임하심을 보시더니

하늘로부터 소리가 있어 말씀하시되

이는 내 사랑하는 아들이요

내 기뻐하는 자라 하시니라"(마 3:16-17)

그 성령께서 마가의 다락방에 임하셨습니다. 성령의 임하심을 경험한 120명의 사람들은 그때부터 용기를 내서 예수님을 십자가에서 죽게 한 산헤드린 공회와 맞서 싸워야 하는 '사명'을 받았습니다. 산헤드린 공회의 공권력이 얼마나 무서운지 그들은 이미 온몸으로 경험한 사람들입니다. 그러므로 성령께서 그들을 도와주시지 않으면, 그들이 산헤드린 공회와 맞서 싸운다는 것은 감히 상상도 할 수 없는 일이 될 것입니다.

성령 강림_티치아노 作

그때는 이미 언급한 대로 유대인의 명절인 오순절 때였습니다. 오순절을 맞이하여 유월절 때와 마찬가지로 로마 제국 전역으로부터 예루살렘을 찾아온 수많은 유대인들과 유대교를 믿게 된 사람들 즉, '디아스포라(Diaspora) 유대인들'⁴⁾이 예루살렘 성안에 많이 머물고 있었습니다.

그런데 마가의 다락방에서 큰 소리가 들려오자 예루살렘 성안에 머물고 있던 수많은 디아스포라 유대인들이 마가의 다락방을 주목했습니다.

"그 때에 경건한 유대인들이 천하 각국으로부터 와서
예루살렘에 머물러 있더니"(행 2:5)

디아스포라 유대인들이 마가의 다락방으로부터 나오는 소리를 듣고 크게 놀라 소동이 일어날 정도의 사건이 발생하게 된 것입니다. 왜냐하면 마가의 다락방에 있었던 120명의 사람들은 하나같이 다 유대 갈릴리 출신 사람들인데, 그들이 여러 나라의 말들을 각각 다 하고 있었기 때문입니다.

이 소리가 나매 큰 무리가 모여
각각 자기의 방언으로 제자들이 말하는 것을 듣고 소동하여
다 놀라 신기해 하며 말합니다.
"보라 이 말하는 사람들이 다 갈릴리 사람이 아니냐"(행 2:6-7)

그리고 더 놀라운 사실은 마가의 다락방 사람들이 각기 세계 각국의 말들을 하고 있지만, 그 뜻이 모두 일치하고 있었던 것입니다. 그들이 하는 각국의 말들은 하나같이 '하나님의 큰일'⁵⁾을 말하는 것이었

---

4) 이스라엘 지역 바깥으로 흩어진 유대인들이나 유대인 공동체

습니다.

> "우리가 우리 각 사람이 난 곳 방언으로
> 듣게 되는 것이 어찌 됨이냐
> 우리는 바대인과 메대인과 엘람인과 또 메소보다미아,
> 유대와 갑바도기아, 본도와 아시아, 브루기아와 밤빌리아,
> 애굽과 및 구레네에 가까운 리비야 여러 지방에 사는 사람들과
> 로마로부터 온 나그네 곧 유대인과 유대교에 들어온 사람들과
> 그레데인과 아라비아인들이라
> 우리가 다 우리의 각 언어로
> 하나님의 큰 일을 말함을 듣는도다"

세계 각국에서 모인 유대인들이 놀라고 당황하여 서로 말합니다.
"이 어찌 된 일이냐"(행 2:8-12)

이 놀라운 일이 성령을 받은 마가의 다락방 교회 성도들의 모습이었습니다. 그리고 이어지는 모습은 성령을 받고, 성령의 도우심으로 다시 용기를 내기 시작한 베드로가 앞장서서 나아가 예루살렘의 모든 사람들에게 외칩니다.

"너희가 회개하여 각각 예수 그리스도의 이름으로 세례를 받고

---

5) "그들이 묻되 우리가 어떻게 하여야 하나님의 일을 하오리이까? 예수께서 대답하여 이르시되 하나님께서 보내신 이를 믿는 것이 하나님의 일이니라 하시니"(요 6:28-29)

죄 사함을 받으라 그리하면 성령의 선물을 받으리니

이 약속은 너희와 너희 자녀와 모든 먼 데 사람

곧 주 우리 하나님이

얼마든지 부르시는 자들에게 하신 것이라"

계속 여러 말로 확증하며 사람들에게 가장 중요한 말로 권합니다.

"너희가 이 패역한 세대에서 구원을 받으라"(행 2:38-40)

그러자 베드로의 말을 들은 예루살렘 성안의 수많은 사람들이 자신들의 죄를 회개하고, 예수 그리스도의 이름으로 세례를 받겠다고 줄을 서기 시작했습니다. 그들의 숫자를 세어보니 3,000명이나 되었습니다.

"그 말을 받은 사람들은 세례를 받으매

이 날에 신도의 수가 삼천이나 더하더라"(행 2:41)

회개하고, 세례를 받고, 예수를 믿기로 작정한 사람의 수가 3,000명이 넘는 것보다 더 놀라운 일이 예루살렘 교회에서 계속 일어났습니다. 새로 예수를 믿기로 결심한 사람들이 마가의 다락방 교회 성도들과 함께 하나가 되어 사도가 된 예수님의 제자들의 가르침을 받으며 놀랍게 변화되어 서로 교제하기를 힘쓰고, 떡을 함께 나누며, 온 힘을 다해 열심히 기도하기 시작한 것입니다.

"그들이 사도의 가르침을 받아 서로 교제하고 떡을 떼며

오로지 기도하기를 힘쓰니라"(행 2:42)

예루살렘 교회는 기적 같은 일이 날마다 일어났습니다. 성령을 받은 사도들은 예수님처럼 기사와 표적을 일으켰고, 예수를 주라 고백하는 성도들인 예루살렘 교회는 모든 물건을 서로 아낌없이 유무상통(有無相通)하기 시작한 것입니다.

특히 성도들 가운데 부유한 사람들은 자신의 것을 팔아 가난한 자들에게 나누어 주었습니다. 그리고 예루살렘 교회의 성도들은 예수 안에서 서로 한마음이 되어 모이기를 힘쓰고, 기쁨과 순전한 마음으로 음식을 나누어 먹으며, 함께 하나님을 찬양했습니다.

"사람마다 두려워하는데 사도들로 말미암아
기사와 표적이 많이 나타나니
믿는 사람이 다 함께 있어 모든 물건을 서로 통용하고
또 재산과 소유를 팔아 각 사람의 필요를 따라 나눠 주며
날마다 마음을 같이하여 성전에 모이기를 힘쓰고
집에서 떡을 떼며 기쁨과 순전한 마음으로 음식을 먹고"
(행 2:43-46)

예루살렘 교회 성도들의 모습과 삶은 하나님 나라 백성들의 모습이었고 삶이었습니다. 성령을 받고 권능을 받은 예루살렘 교회의 성도들이 하나님 나라의 삶을 이 땅에 실현했던 것입니다.

그러자 온 유대의 백성들이 예루살렘 교회 성도들의 모습을 보고 감동하며 칭찬이 자자하게 되었습니다. 그리고 그 모습을 통해 날마다 예수를 주라 고백하는 성도들이 점점 더 늘어가기 시작했습니다.

"하나님을 찬미하며 또 온 백성에게 칭송을 받으니
주께서 구원 받는 사람을 날마다 더하게 하시니라"(행 2:47)

이렇게 예루살렘 교회가 아름답게 시작되고, 놀랍게 성장해가자 예수님을 십자가에 못 박아 죽게 한 산헤드린 공회가 다시 긴장하기 시작했습니다. 예루살렘은 오랜 세월 예루살렘 성전 건물을 중심으로 5대 제사와 3대 명절이 '메인'(main)이었는데, 성전 건물과 상관없이 예수를 주라 고백하는 사람들이 중심이 되는 교회가 생겨나 산헤드린 공회의 신경을 건드렸기 때문입니다.

거기에 더해 마침내 '큰 사건'이 발생하게 됩니다. 베드로와 요한이 함께 예루살렘 성전으로 기도하러 가는 길에 만난 나면서부터 걷지 못했던 병자를 베드로가 '나사렛 예수 그리스도의 이름으로' 고쳐 일으켜 세운 것입니다.

베드로가 말합니다.
"은과 금은 내게 없거니와 내게 있는 이것을 네게 주노니
나사렛 예수 그리스도의 이름으로 일어나 걸으라"
그리고 오른손을 잡아 일으키니

발과 발목이 곧 힘을 얻고 뛰어 서서 걸으며

그들과 함께 성전으로 들어가면서 걷기도 하고 뛰기도 하며

하나님을 찬송합니다. (행 3:6-8)

예루살렘 성전 안에 있던 사람들은, 성전 미문(美門)에서 구걸하던 그 사람이 고침을 받아 걷고 뛰고 하나님을 찬미하자 너무나 크게 놀랍니다. 왜냐하면 그는 태어나면서부터 걷지 못했고, 40여 년 동안이나 늘 같은 모습으로 성전 미문에서 구걸하며 살아왔던 나름 '예루살렘 성전 미문에서 유명했던 사람'이었기 때문이었습니다.

"모든 백성이 그 걷는 것과 하나님을 찬송함을 보고

그가 본래 성전 미문에 앉아 구걸하던 사람인 줄 알고

그에게 일어난 일로 인하여 심히 놀랍게 여기며 **놀라니라"**

(행 3:9-10)

예루살렘 성전 미문에서 일어난 이 큰 사건은 결국 〈2차 산헤드린 공회 재판〉으로 이어지는 계기가 됩니다.

A.D. 33년-십자가 사건

1차 산헤드린공회 재판
로마 총독 빌라도 재판

2차 산헤드린공회 재판
제자들 경고
(행 4:17-18)

3차 산헤드린공회 재판
제자들 처벌
(행 5:40-41)

4차 산헤드린공회 재판
스데반 처형
(행 7:57-58)

사도행전 30년

예루살렘 공회
오직 십자가 복음으로
(A.D.49)

5차 산헤드린공회 재판
바울 재판
(행 23:6-7)
로마 총독 벨릭스 재판
(행 24:22-23)

A.D. 64년-로마 대화재 사건

바울의 로마 황제 재판 대기
네로 황제의 1세대 복음 지도자 200여명 처형 명령

2차 산헤드린 공회 재판
– 예수님의 제자들 협박

오순절에 마가의 다락방에 성령이 임하시면서 예루살렘의 분위기가 급변합니다. 성령이 임한 마가 다락방의 사람들은 세계 각국의 말로 하나님의 큰일을 말하기 시작했습니다.

그리고 〈1차 산헤드린 공회 재판〉 때에 그곳에 갔다가 너무 두려워서 예수님을 세 번이나 부인하고 도망 나왔던 베드로가 열한 사도와 함께 담대히 나서서 '예루살렘 광장 연설'을 하기 시작했습니다.

"그런즉 이스라엘 온 집은 확실히 알지니
너희가 십자가에 못 박은 이 예수를
하나님이 주와 그리스도가 되게 하셨느니라"(행 2:36)

게다가 태어나서 단 한 번도 자기 발로 걸어보지 못하고, 구걸을 통해 겨우 얻어먹고 살기 위해 예루살렘 성전 미문(美門)에서 날마다 사람들에게 푼돈을 구걸하던 불쌍한 사람이었던 그가 갑자기 걷고 뛰며 하나님을 찬미하니 예루살렘 성전 안에 있던 수많은 사람들이 눈이 휘둥그레질 수밖에 없었습니다.

예루살렘 성전 미문을 통과하던 수많은 사람들에게 그의 존재와 그의 구걸 행위는 늘 불편하기 이를 데 없었을 것입니다. 그런데 세상에서 가장 불쌍하던 사람이 가장 행복한 사람이 되어 하나님을 찬송하니 사람들이 얼마나 놀랐겠습니까.

베드로가 이것을 보고 백성에게 말합니다.
"이스라엘 사람들아 이 일을 왜 놀랍게 여기느냐
우리 개인의 권능과 경건으로 이 사람을 걷게 한 것처럼
왜 우리를 주목하느냐"(행 3:12)

놀라는 사람들을 보며 베드로가 말하기를, 나면서부터 걷지 못했던 자가 고침을 받은 것은 자신들이 한 일이 아니라고 말합니다. 그리고 그 기적은 얼마 전 유월절에 〈1차 산헤드린 공회 재판〉과 〈빌라도 재판〉을 통해 십자가에서 죽으셨던, 그러나 3일 만에 다시 살아나신 하나님의 아들 '나사렛 예수 그리스도의 이름'이 '그를 낫게 했다'고 증언합니다.

"아브라함과 이삭과 야곱의 하나님 곧 우리 조상의 하나님이
그의 종 예수를 영화롭게 하셨느니라
너희가 그를 넘겨 주고 빌라도가 놓아 주기로 결의한 것을
너희가 그 앞에서 거부하였으니
너희가 거룩하고 의로운 이를 거부하고
도리어 살인한 사람을 놓아 주기를 구하여
생명의 주를 죽였도다
그러나 하나님이 **죽은 자 가운데서 그를 살리셨으니**
우리가 이 일에 증인이라
그 이름을 믿으므로 그 이름이
너희가 보고 아는 이 사람을 성하게 하였나니
예수로 말미암아 난 믿음이 너희 모든 사람 앞에서
이같이 완전히 낫게 하였느니라"(행 3:13-16)

베드로가 예루살렘 성전 안의 솔로몬 행각이라 불리는 곳에서 이
렇게 예수를 담대히 증거하자, '예루살렘 성전의 관계자들(?)인 제사
장들과 성전 맡은 자와 사두개인들'이 사도들에게 다가왔습니다. 사실
말이 좋아 다가온 것이지, 실상은 가만두지 않겠다고 무섭게 들이댄
것이었습니다.

특히 산헤드린 공회원들에게 'VIP 대접을 받는 디아스포라 유대인
들'까지도 예루살렘 성전 '이방인의 뜰'에서 환전과 제물 쇼핑(?)을 중

단하고 고침을 받은 사람과 베드로와 요한에게로 시선을 집중했으니 예루살렘에 정말 큰 사건이 되었던 것입니다.

사도들에게 다가온 그들 '제사장들과 성전 맡은 자와 사두개인들' 은 71명의 산헤드린 공회원들 가운데 10여 명의 공회원 자리를 상시적으로 확보하고 있는 사두개파의 권력자들로, 예루살렘 성전을 그들의 사적인 소유로까지 생각하는 자들이었습니다.

그런데 사도들이 겁 없이 예루살렘 성전 안에서 그 사두개파 사람들이 싫어하는 주제인 '부활'을 대놓고 언급했던 것입니다.

결국 사두개파들이 싫어하는 부활을 말한 죄 때문에 사도들은 그들에게 체포되어 다음 날 아침까지 구금되는 신세가 됩니다. 당시 유대가 로마의 식민지였음에도 불구하고 산헤드린 공회의 공권력이 대략 이 정도는 되었던 것입니다.

"사도들이 백성에게 말할 때에
제사장들과 성전 맡은 자와 사두개인들이 이르러
예수 안에 죽은 자의 **부활이 있다고**
백성을 가르치고 **전함을 싫어하여** 그들을 잡으매
날이 이미 저물었으므로 이튿날까지 가두었으나"(행 4:1-3)

그런데 〈그 다음 날 아침 뉴스 속보〉를 보니, 베드로와 열한 명의 사도들이 사두개파 사람들에게 잡히기 전날 예루살렘 성전 솔로몬 행각에서 전한 예수의 십자가와 부활 이야기를 듣고 자그마치 5,000명의 사람들이 예수를 믿게 되었다는 것이었습니다.

"말씀을 들은 사람 중에 믿는 자가 많으니
남자의 수가 약 오천이나 되었더라"(행 4:4)

그러자 산헤드린 공회가 비상 상황임을 인지하고, 산헤드린 공회원 71명 전원이 이 안건을 가지고 〈2차 산헤드린 공회 재판〉을 열기 위해 소집됩니다.

사실 산헤드린 공회 입장에서 〈2차 산헤드린 공회 재판〉을 연다는 것은 '모독' 그 자체였습니다. '예수님 때와 같은 사안'으로 '같은 재판부'가 다 종결된 1심 재판을 뒤집고, 다시 2심 재판을 연 것이었기 때문입니다.

산헤드린 공회는 〈1차 산헤드린 공회 재판〉 때에 예수님의 제자들까지 충분히 죽여 없앨 수 있는 힘이 있었습니다. 그런데 예수님을 체포하러 갔을 때, 예수님의 제자들은 완전히 쫄아서(?) 다 도망했던 것입니다.

더욱이 다시 몰래 숨어들어와 〈1차 산헤드린 공회 재판〉을 지켜보던 예수님의 수제자 베드로는 재판 과정을 보다가 너무 무서워 예수님을 모른다고 세 번이나 부인하고 도망했었습니다. 때문에 산헤드린 공회원들에게 예수님의 제자들은, 처형까지 할 필요도 없고 무시해도 되는 대상이었습니다.

그런데 예수님의 제자들이 뭘 잘못 먹었는지(?) 갑자기 다른 사람들이 되어 나타나 산헤드린 공회의 심기를 불편하게 하는 존재들이 된 것입니다. 그러므로 〈2차 산헤드린 공회 재판〉에 임하는 산헤드린 공회의 공회원들에게 이번 재판은 말 그대로 '찝찝하기 이를 데 없는' 재판이 되었습니다.

> "이튿날 관리들과 장로들과 서기관들이 예루살렘에 모였는데
> 대제사장 안나스와 가야바와 요한과 알렉산더와 및
> 대제사장의 문중이 다 참여하여"(행 4:5-6)

〈1차 산헤드린 공회 재판〉이 유월절에 있었던 '예수님 재판'이었다면, 〈2차 산헤드린 공회 재판〉은 오순절에 '예수님의 제자들'을 대상으로 한 재판이었습니다. 71명의 산헤드린 공회원들은 베드로와 요한을 그들 가운데 세워놓고 위협적이며 험악한 분위기 속에서 그들의 모든 공권력을 동원해 재판을 하기 시작했습니다.

사도들을 가운데 세우고 묻습니다.
"너희가 무슨 권세와 누구의 이름으로 이 일을 행하였느냐"(행 4:7)

이 정도 분위기면 피고로 선 베드로와 요한은 무섭고 두려워서 감히 대답을 못해야 정상입니다. 그런데 예측을 뒤집고, '베드로'가 감히 산

헤드린 공회 재판정에서 '일장연설'(一場演說)을 하기 시작했습니다.

이에 베드로가 성령이 충만하여 대답합니다.
"백성의 관리들과 장로들아
만일 병자에게 행한 착한 일에 대하여
이 사람이 어떻게 구원을 받았느냐고
오늘 우리에게 질문한다면

너희와 모든 이스라엘 백성들은 알라
너희가 십자가에 못 박고 하나님이 죽은 자 가운데서 살리신
나사렛 예수 그리스도의 이름으로 이 사람이 건강하게 되어
너희 앞에 섰느니라

이 예수는 너희 건축자들의 버린 돌로서
집 모퉁이의 머릿돌이 되었느니라
다른 이로써는 구원을 받을 수 없나니
천하 사람 중에 구원을 받을 만한 다른 이름을
우리에게 주신 일이 없음이라"(행 4:8-12)

베드로는 자신이 하는 말을 산헤드린 공회원들과 이스라엘 백성들이 모두 듣고 알아야 한다고 주장했습니다. 베드로의 말은 다름 아닌 〈1차 산헤드린 공회 재판〉에서 신성모독자로 판결하고, 〈빌라도 총독재판〉으로 떠넘겨 결국 십자가에서 죽게 한 예수는 부활하셨고, 그분

이 바로 '하나님의 아들'이시라는 것입니다.

또한 베드로는 산헤드린 공회와 무지한 이스라엘 백성들이 버린 예수가 집 모퉁이의 머릿돌이 되셨으며, 하나님께서는 〈나사렛 예수 그리스도〉의 이름 외에는 구원받을 다른 이름을 주신 일이 없다고 주장했습니다.

그러자 산헤드린 공회원들이 크게 당황합니다. 그들이 가지고 있던 사전 정보에 의하면, 예수님의 제자들은 지식이 없는 자들로 감히 산헤드린 공회 재판에서 발언을 할 정도의 사람들이 아니었기 때문입니다.

"그들이 베드로와 요한이 담대하게 말함을 보고
그들을 본래 학문 없는 범인으로 알았다가
이상히 여기며 또 전에 예수와 함께 있던 줄도 알고"(행 4:13)

더군다나 〈1차 산헤드린 공회 재판〉 때에는 산헤드린 공회가 뒤에서 몰래 매수한 거짓 증인들이라도 있었는데, 〈2차 산헤드린 공회 재판〉 자리에는 나면서부터 걷지 못하던 사람이 베드로와 요한에 의해 고침을 받은 증인으로 떡 하니 버티고 있으니 산헤드린 공회가 그들 마음대로 재판을 끌고 갈 수가 없었던 것입니다.

"또 병 나은 사람이 그들과 함께 서 있는 것을 보고
비난할 말이 없는지라"(행 4:14)

베드로와 요한이 다리를 못 쓰는 이를 치유하다 _ 니콜라 푸생 作

　　결국 〈2차 산헤드린 공회 재판〉이 잠시 휴정되고, 재판관들이 모여 머리를 맞대고 회의를 했습니다. 그러나 피고인들에게 대놓고는 어떤 죄도 물을 수가 없었습니다. 이미 예루살렘의 수많은 사람들이 베드로와 요한을 통해 일어난 기적의 증인들이었기 때문입니다.

　　공회원들은 제자들에게 명하여 **공회에서 나가라** 하고
　　서로 의논한 후 말합니다.
　　"이 사람들을 어떻게 할까
　　그들로 말미암아 유명한 표적 나타난 것이
　　예루살렘에 사는 모든 사람에게 알려졌으니
　　우리도 부인할 수 없는지라"(행 4:15-16)

결국 〈2차 산헤드린 공회 재판〉은 다음과 같은 판결을 내렸습니다.

"이것이 민간에 더 퍼지지 못하게 그들을 위협하여
이 후에는 이 이름으로 아무에게도 말하지 말게 하자"

그리고 제자들을 불러 경고합니다.
"도무지 예수의 이름으로 말하지도 말고 가르치지도 말라"
(행 4:17-18)

그러나 〈2차 산헤드린 공회 재판〉의 피고인들은 재판의 판결에 대해 불복하겠다는 의사를 분명히 전했습니다.

베드로와 요한이 말합니다.
"하나님 앞에서 너희의 말을 듣는 것이
하나님의 말씀을 듣는 것보다 옳은가 판단하라
우리는 보고 들은 것을 말하지 아니할 수 없다"(행 4:19-20)

우리 주님께서 이 장면을 하나님 우편에서 지켜보시며 얼마나 흐뭇하고 기쁘셨을까요. 이때를 위해 예수님께서는 3년 전 갈릴리 해변으로 베드로를 찾아가셨던 것이고, 지난 3년 동안 제자들과 함께하시며 그들을 가르치셨던 것입니다.

베드로는 "주는 그리스도시요, 살아계신 하나님의 아들이십니다"

라며 예수님을 기쁘시게 해드렸던 적도 있고, 산헤드린 공회의 공권력이 너무나 무서워 예수님을 모른다고 세 번이나 부인했던 적도 있었습니다. 그러나 예수님의 가르침은 제자들의 마음속에 뿌리내리고 있었습니다.

때가 되자 베드로를 비롯한 예수님의 제자들이 성령의 도우심을 힘입어 예수님께 배웠던 모든 것을 담대히 증거하는 증인들이 된 것입니다.

심지어 그토록 무서워하던 산헤드린 공회와도 맞서 한 치도 물러서지 않고 할 말을 다하는 '믿을 만한' 예수님의 제자의 모습을 보여주었습니다.

예수님께서 승천하실 때, 망연자실해서 주님을 쳐다보고 있던 제자들에게 천사가 했던 말은 "너희들 잘할 텐데 뭘 걱정해?"였습니다. "너희들 예수님께 3년 동안 잘 배웠잖아, 잘할 수 있을 거야."

베드로와 요한의 그 대단한 용기와 대담함에 산헤드린 공회는 사도들에게 더 이상 어떤 요구도 하지 못하고, 다만 예수 이름으로 말하지도 말고 가르치지도 말라고 재차 위협하며 사도들을 석방시켜주었습니다.

"관리들이 백성들 때문에
그들을 어떻게 처벌할지 방법을 찾지 못하고

다시 위협하여 놓아 주었으니

이는 모든 사람이 그 된 일을 보고

하나님께 영광을 돌림이라"(행 4:21)

〈2차 산헤드린 공회 재판〉은 〈1차 산헤드린 공회 재판〉과는 달리 겉으로 보기에는 재판부가 보기 좋게 당하고, 사도들과 재판 방청객들의 입장에서는 나름 통쾌하고 재미있는 재판이었다고 할 수 있습니다.

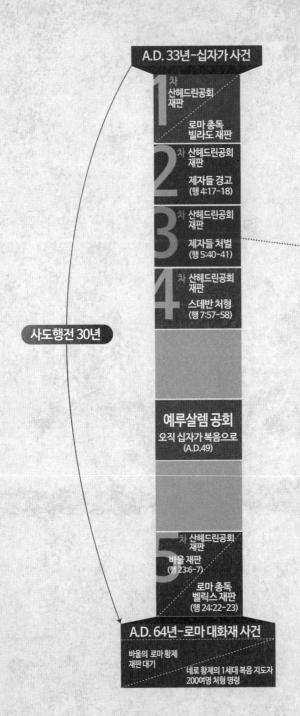

A.D. 33년-십자가 사건

1차 산헤드린공회 재판

로마 총독 빌라도 재판

2차 산헤드린공회 재판

제자들 경고
(행 4:17-18)

3차 산헤드린공회 재판

제자들 처벌
(행 5:40-41)

4차 산헤드린공회 재판

스데반 처형
(행 7:57-58)

사도행전 30년

예루살렘 공회
오직 십자가 복음으로
(A.D.49)

5차 산헤드린공회 재판

바울 재판
(행 23:6-7)

로마 총독 벨릭스 재판
(행 24:22-23)

A.D. 64년-로마 대화재 사건

바울의 로마 황제 재판 대기

네로 황제의 1세대 복음 지도자
200여명 처형 명령

3차 산헤드린 공회 재판
– 예수님의 열두 제자 채찍질

〈2차 산헤드린 공회 재판〉은 피고측이었던 사도들이 이긴 재판이었지만, 어느 누구도 산헤드린 공회와 사도들 사이의 싸움이 이렇게 끝이 날 것이라고 생각하는 사람은 예루살렘에 없었습니다.

예루살렘에는 '예루살렘 성전 건물'만 존재해야 한다고 생각하는 산헤드린 공회가 예루살렘 교회의 존재를 결코 인정하지 않을 것이었기 때문입니다.

유월절에 이어 오순절까지도 예전과는 달리 소란스러운 명절을 보낸 산헤드린 공회는 예수를 주목했던 것처럼 이제는 사도가 된 예수님의 제자들을 감시하기 시작했습니다. 산헤드린 공회는 예루살렘 교회가 생각했던 것보다 훨씬 위험한 공동체라는 것을 인지하게 되었습니다.

'예루살렘 교회'는 '예루살렘 성전과 같은 건물도 없는' 즉, 산헤드린 공회가 보기에는 '근본도 없는 가난한 자들이 모인 형편없는 공동체'였습니다. 더욱이 그들이 보기에 그곳 성도들은 한마음과 한 뜻으로 모든 물건을 서로 통용하며 자기 물건을 조금이라도 자기 것이라고 주장하는 자가 없는 이상한(?) 자들의 모임이었던 것입니다.

"믿는 무리가 한마음과 한 뜻이 되어
모든 물건을 서로 통용하고
자기 재물을 조금이라도 자기 것이라 하는 이가
하나도 없더라"(행 4:32)

심지어 교회 내부에 경제적 어려움이 생기자, 바나바(번역하면 위로의 아들)라고 부르는 요셉은 자기 밭을 팔아 교회공동체에 내놓습니다. 이렇게 서로 교회의 어려움을 극복해냈습니다.

"구브로에서 난 레위족 사람이 있으니 이름은 요셉이라
사도들이 일컬어 바나바라(번역하면 위로의 아들이라) 하니
그가 밭이 있으매 팔아 그 값을 가지고
사도들의 발 앞에 두니라"(행 4:36-37)

그리고 사도가 된 예수님의 제자들은 예수님처럼 민간에 표적과

기사를 많이 일으키고, 이로 인해 예수를 믿는 자들의 숫자가 날마다 기하급수적으로 늘어만 갔습니다.

그들은 무서운 공권력을 가진 산헤드린 공회도 두려워하지 않았고, 예루살렘 성전 솔로몬 행각에서 공식적인 모임을 가졌으며, 예루살렘의 많은 백성들의 칭송까지 받았습니다.

"사도들의 손을 통하여
민간에 표적과 기사가 많이 일어나매
믿는 사람이 다 마음을 같이하여 솔로몬 행각에 모이고,
믿고 주께로 나아오는 자가 더 많으니
남녀의 큰 무리더라"(행 5:12,14)

예루살렘 시내에서는 심지어 베드로를 만나기 위해 다음과 같은 일도 일어났습니다.

"심지어 병든 사람을 메고 거리에 나가 침대와 요 위에 누이고
베드로가 지날 때에 혹 그의 그림자라도 누구에게 덮일까 바라고
예루살렘 부근의 수많은 사람들도 모여 병든 사람과
더러운 귀신에게 괴로움 받는 사람을 데리고 와서
다 나음을 얻으니라"(행 5:15-16)

사태가 여기까지 이르자, 산헤드린 공회 내의 '사두개파 사람들'이 과거에 '예수님을 시기'했던 것처럼 '사도들을 시기'하기에 이릅니다.

예루살렘에서 설교하는 베드로 _ 샤를 르브룅 作

그래서 그들은 결국 시기를 참지 못하고 또다시 그들의 공권력을 가지고 사도들을 체포하여 감옥에 가두었습니다.

"대제사장과 그와 함께 있는 사람

즉 사두개인의 당파가 다 마음에 **시기**가 가득하여 일어나서

사도들을 잡아다가 옥에 가두었더니"(행 5:17-18)

그런데 주의 사자가 밤에 감옥 문을 열고 사도들을 탈출(?)시킵니다. 그리고 사도들에게 말하기를, 예루살렘 성전에 가서 생명의 말씀을 전하라고 명령합니다.

"가서 성전에 서서 이 생명의 말씀을
다 백성에게 말하라"(행 5:20)

감옥에서 탈출했으면 멀리 도망가야 하는데, 사도들은 주의 사자의 말대로 새벽부터 예루살렘 성전에서 또다시 사두개파들이 질색(?)을 하는 예수의 십자가와 부활 이야기를 가르쳤습니다.

그런데 그 시간 예루살렘 성전의 사두개파 사람들은 사도들이 여전히 감옥에 갇혀 있는 줄 알고 산헤드린 공회를 소집해 감옥으로 사람을 보내 사도들을 데려오라고 했습니다.

대제사장과 그와 함께 있는 사람들이 와서
공회와 이스라엘 족속의 원로들을 다 모으고 말합니다.
"사람을 옥에 보내어 사도들을 잡아오라"(행 5:21)

당연히 감옥 안에는 사도들이 없었습니다. 그리고 감옥의 문은 어떤 흔적도 없이 굳게 닫혀 있었습니다. 그러자 산헤드린 공회를 소집한 사두개파 사람들은 물론이거니와 산헤드린 공회원들 전체가 요샛말로 멘붕(멘탈붕괴)이었습니다. 그런데 바로 그때 사두개파 사람들에게 목덜미까지 뻣뻣해질 만한 소식이 전해졌습니다.

산헤드린 공회 부하들이
감옥에 사도들이 없다는 것을 확인하고 공회로 돌아와 말합니다.
"우리가 보니 옥은 든든하게 잠기고
지키는 사람들이 문에 서 있으되
문을 열고 본즉 그 안에는 한 사람도 없더이다"

성전 맡은 자와 제사장들이 이 말을 듣고
어찌된 일인지 의심하며 당혹해 하는 중에
어떤 사람이 와서 알립니다.
"보소서 옥에 가두었던 사람들이
성전에 서서 백성을 가르치더이다"(행 5:22-25)

산헤드린 공회원들에게 보고된 소식은, 감옥에 갇혀 있다가 겁에 질리고 초췌한 모습으로 끌려와 재판을 받아야 하는 사도들이 감쪽같이 감옥을 탈출해서 새벽부터 성전에서 백성들을 가르치고 있다는 것이었습니다.

그러자 산헤드린 공회는 일단 공권력으로 성전에서 백성들을 가르치고 있는 사도들을 다시 체포해서 그들 앞에 세웠습니다. 산헤드린 공회 입장에서는 감옥에서 사도들을 끌어왔더라면 훨씬 그림(?)이 좋았을 것이지만, 그들에게는 다른 방법이 없었습니다.

어쨌든 사두개파 사람들은 소집된 산헤드린 공회원들 앞에 사도들을 세워야 했기 때문입니다. 그러나 사도들을 강압적으로 잡아올 수는 없었습니다. 잘못했다가는 산헤드린 공회가 백성들에게 돌을 맞을 수도 있기 때문입니다. 그래서 사도들은 백성들을 가르치고 있다가 나름 폼나게 체포되었습니다.

"성전 맡은 자가 부하들과 같이 가서
그들을 잡아왔으나 강제로 못함은
백성들이 돌로 칠까 두려워함이더라"(행 5:26)

우여곡절 끝에 〈3차 산헤드린 공회 재판〉이 시작되었습니다. 재판장인 대제사장이 먼저 피고인 사도들의 죄를 말했습니다. 사도들을 재판정에 세운 것은, 바로 〈2차 산헤드린 공회 재판〉의 판결을 사도들이 어겼기 때문이라는 이유였습니다.

공회 앞에 끌려온 사도들에게 대제사장이 묻습니다.
"우리가 이 이름으로 사람을 가르치지 말라고 엄금하였으되
너희가 너희 가르침을 예루살렘에 가득하게 하니
이 사람의 피를 우리에게로 돌리고자 함이로다"(행 5:27-28)

그러자 베드로와 사도들이 대제사장의 말에 반박합니다. 산헤드린 공회의 판결보다 하나님의 말씀이 우위에 있다는 것입니다.

"사람보다 하나님께 순종하는 것이 마땅하니라

너희가 나무에 달아 죽인 예수를

우리 조상의 하나님이 살리시고

이스라엘에게 회개함과 죄 사함을 주시려고

그를 오른손으로 높이사 임금과 구주로 삼으셨느니라

우리는 이 일에 증인이요

하나님이 자기에게 순종하는 사람들에게 주신

성령도 그러하니라"(행 5:29-32)

그러자 자신들의 공적 지위를 인정하지 않는 사도들에 대해 산헤드린 공회가 분을 삭이지 못합니다. 그들이 어떤 대가와 값을 치르며 그 자리를 지키고 있는데, 산헤드린 공회의 감투를 아무것도 아닌 것이라고 말하는 사도들의 거침없는 발언을 참을 수가 없었습니다.

〈3차 산헤드린 공회 재판〉의 분위기는 〈1차 산헤드린 공회 재판〉을 통해 예수를 죽였듯이 이 재판을 통해 사도들도 죽여 없애는 쪽으로 흘러가고 있었습니다.

그런데 산헤드린 공회 내부에서 사두개파와는 서로 다른 정치적 입장을 가진 바리새파이자 동시에 백성들에게 존경받는 율법교사이기도 한 가말리엘이 재판을 잠시 휴정하게 하고 발언권을 구해 '산헤드린 공회 재판을 좌지우지할 강력한 발언'을 합니다.

"그들이 듣고 크게 노하여 사도들을 없이하고자 할새
바리새인 가말리엘은 율법교사로 모든 백성에게 존경을 받는 자라
공회 중에 일어나 명하여 사도들을 잠깐 밖에 나가게 하고"
(행 5:33-34)

가말리엘의 발언은 다음과 같습니다.

"이스라엘 사람들아
너희가 이 사람들에게 대하여 어떻게 하려는지 조심하라

이 전에 드다가 일어나 스스로 선전하매
사람이 약 사백 명이나 따르더니 그가 죽임을 당하매
따르던 모든 사람들이 흩어져 없어졌고
그 후 호적할 때에 갈릴리의 유다가 일어나
백성을 꾀어 따르게 하다가
그도 망한즉 따르던 모든 사람들이 흩어졌느니라

이제 내가 너희에게 말하노니
이 사람들을 상관하지 말고 버려 두라
이 사상과 이 소행이 사람으로부터 났으면 무너질 것이요
만일 하나님께로부터 났으면 너희가 그들을 무너뜨릴 수 없겠고
도리어 하나님을 대적하는 자가 될까 하노라"(행 5:35-39)

가말리엘의 말은 '조심하고 신중하자'는 것이었습니다. 지난 역사를 되돌아보면, 사람들이 사적인 일을 하면서 하나님의 이름으로 백성들을 선동했던 일은 결국 다 스스로 무너졌다는 것입니다. 때문에 지금 사도들이 하는 일도 하나님의 이름만 들먹이며 그들이 사적으로 백

사도들의 사역 _Fedor Zubov 作

성들을 선동한 일이었다면 시간이 지나면서 사그라질 것이라고 말합니다.

그러나 만약 사도들의 일이 정말 하나님의 일이라면, 산헤드린 공회라 할지라도 사도들의 일을 막을 수 없다는 것입니다. 그러니 경거망동하지 말고 신중하게 좀 기다려 보자는 것입니다. 그러자 산헤드린 공회원들이 가말리엘의 말에 수긍을 했습니다.

결국 〈3차 산헤드린 공회 재판〉은 '사도들에게 채찍질'을 가하고 〈2차 산헤드린 공회 재판〉의 판결대로 'No 예수 이름'을 받아들이라는 결정을 내렸습니다.

"그들이 옳게 여겨 사도들을 불러들여 채찍질하며

예수의 이름으로 말하는 것을 금하고 놓으니"(행 5:40)

산헤드린 공회는 가말리엘의 발언을 받아들여 사도들을 죽이지는 않았지만, 사도들을 심하게 모욕하고 괴롭게하여 내보냅니다.

산헤드린 공회가 사도들에게 행한 채찍질은 예수님께서 맞으신 로마의 채찍과는 다른, 모세 율법에 의한 유대 태형[6]으로 그들의 전례에 따라 사십에 하나 감한 매였을 것입니다.

"악인에게 태형이 합당하면 재판장은 그를 엎드리게 하고
그 앞에서 그의 죄에 따라 수를 맞추어 때리게 하라
사십까지는 때리려니와 그것을 넘기지는 못할지니
만일 그것을 넘겨 매를 지나치게 때리면
네가 네 형제를 경히 여기는 것이 될까 하노라"(신 25:2-3)

⟨3차 산헤드린 공회 재판⟩을 통해 채찍에 맞아 온몸이 만신창이가 되어 석방된 사도들은, 그럼에도 불구하고 능욕 받은 사실을 오히려 기뻐하며 재판정을 나왔습니다.

"사도들은 그 이름을 위하여 능욕 받는 일에
합당한 자로 여기심을 기뻐하면서 공회 앞을 떠나니라"(행 5:41)

그렇게 죽도록 채찍에 맞고 간신히 석방되어 나왔음에도 불구하

---

6) 태형(笞刑)은 채찍으로 죄인의 볼기를 치는 형벌임.

고, 사도들은 〈2차와 3차 산헤드린 공회 재판〉의 판결과 상관없이 날마다 성전에 있든지 집에 있든지, 예수가 그리스도라는 사실을 증언하며 가르치는 일을 중단하지 않았습니다. 아무도 사도들을 말릴 수 없었습니다.

"그들이 날마다 성전에 있든지 집에 있든지
예수는 그리스도라고 가르치기와 전도하기를
그치지 아니하니라"(행 5:42)

그러니 산헤드린 공회 입장에서 〈4차 산헤드린 공회 재판〉을 열지 않을 수가 없었던 것입니다.

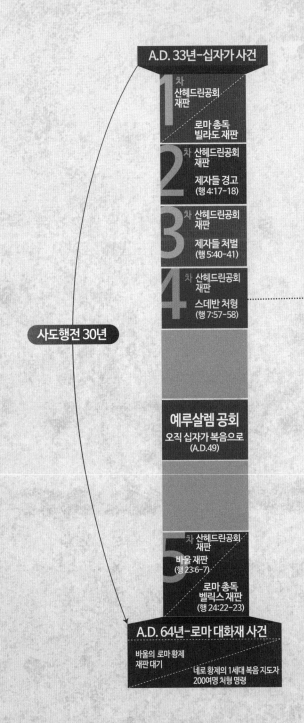

A.D. 33년-십자가 사건

1차 산헤드린공회 재판

로마 총독 빌라도 재판

2차 산헤드린공회 재판

제자들 경고
(행 4:17-18)

3차 산헤드린공회 재판

제자들 처벌
(행 5:40-41)

4차 산헤드린공회 재판

스데반 처형
(행 7:57-58)

사도행전 30년

예루살렘 공회

오직 십자가 복음으로
(A.D.49)

5차 산헤드린공회 재판

바울 재판
(행 23:6-7)

로마 총독
벨릭스 재판
(행 24:22-23)

A.D. 64년-로마 대화재 사건

바울의 로마 황제
재판 대기

네로 황제의 1세대 복음 지도자
200여명 처형 명령

4차 산헤드린 공회 재판
– 스데반 공개 처형

〈3차 산헤드린 공회 재판〉을 통해 사도들이 채찍에 맞는 고난을 당했음에도 불구하고, 날이 갈수록 예루살렘 교회는 놀라울 정도로 부흥해 갔습니다. 그런데 산헤드린 공회에 의한 외부적 어려움은 성령의 도우심으로 잘 이겨내고 있지만, 예루살렘 교회 성도들의 숫자가 늘어나면서 오히려 내부적으로 해결해야 할 크고 작은 문제들이 발생했습니다.

　　예루살렘 교회의 성도 구성원은 유대를 떠나 본 적이 없는 국내파라 할 수 있는 '히브리파'와 디아스포라 유대인 출신들인 해외파에 속하는 '헬라파'로 구분되었는데, 이들이 크고 작은 문제들로 서로 부딪히며 갈등을 일으켰던 것입니다.

제자가 더 많아지면서 헬라파 유대인들이
자기의 과부들이 매일 구제에 빠지는 것을 보고
히브리파 사람을 원망합니다.
그러자 열두 사도가 모든 제자를 불러 말합니다.
"우리가 하나님의 말씀을 제쳐 놓고
접대를 일삼는 것이 마땅하지 아니하니"(행 6:1-2)

"형제들아 너희 가운데서
성령과 지혜가 충만하여 칭찬 받는 사람 일곱을 택하라
우리가 이 일을 **그들에게 맡기고**
우리는 오로지 기도하는 일과 말씀 사역에 힘쓰리라"(행 6:3-4)

이렇게 해서 선택된 '예루살렘 교회 일곱 일꾼의 명단'은 다음과 같습니다.

〈스데반, 빌립, 브로고로, 니가노르, 디몬, 바메나, 유대교에 입교했던 안디옥 사람 니골라〉

예루살렘 교회가 '일곱 일꾼을 세운 것'은 예루살렘 교회의 '화룡점정'(畵龍點睛)이었습니다. 사도들은 기도와 말씀 전파에 집중하고, 안수 받은 일곱 명의 일꾼들이 교회 안에서 성도들을 섬기는 일에 헌신하자 교회가 더욱 부흥하고 예수를 주라 고백하는 성도들의 숫자가 날마다 더 늘어가게 된 것입니다. 그러자 심지어 예루살렘 성전의 상당

수의 제사장들까지도 예수를 주라 고백하고 예루살렘 교회의 성도가
되었습니다.

> "사도들 앞에 세우니 사도들이 기도하고 그들에게 안수하니라
> 하나님의 말씀이 점점 왕성하여
> 예루살렘에 있는 제자의 수가 더 심히 많아지고
> 허다한 제사장의 무리도 이 도에 복종하니라"(행 6:6-7)

이처럼 예루살렘 교회는 안팎으로 모든 어려움을 이겨내며 크게
부흥하고 성장했습니다. 일곱 일꾼 가운데 한 명인 스데반은 은혜와
권능이 충만하여 사도들처럼 기사와 이적까지 일으키며 복음 전파에
크게 기여했습니다. 스데반은 복음을 전하다 디아스포라 유대인들과
논쟁이 벌어지더라도 당당히 예수 그리스도의 도를 전했기에 그를 당
할 자가 없을 정도였습니다.

> "스데반이 은혜와 권능이 충만하여
> 큰 기사와 표적을 민간에 행하니 이른 바 자유민들 즉
> 구레네인, 알렉산드리아인, 길리기아와 아시아에서 온 사람들의
> 회당에서 어떤 자들이 일어나 스데반과 더불어 논쟁할새
> 스데반이 지혜와 성령으로 말함을
> 그들이 능히 당하지 못하여"(행 6:8-10)

스데반이 너무나 월등하자 사두개파 사람들이 사도들을 시기했던

것처럼, 스데반과의 논쟁에서 이기지 못한 디아스포라 유대인들이 스데반을 시기하고 괴롭히기 시작했습니다. 그들은 자신들 외에 스데반의 말을 들어보지 않은 사람을 찾아 돈으로 매수해 스데반이 모세와 하나님을 모독하는 말을 했다며 산헤드린 공회에 스데반을 고소하기에 이르렀습니다.

돈으로 매수한 사람들에게 거짓을 말하게 합니다.
"이 사람이 모세와 하나님을 모독하는 말을 하는 것을
우리가 들었노라"(행 6:11)

결국 스데반이 산헤드린 공회에 체포됩니다. 이 문제로 마침내 예루살렘에서 〈4차 산헤드린 공회 재판〉이 열리게 됩니다. 이번 재판에도 거짓 증인들이 이미 와서 준비하고 있었습니다. 어느새 산헤드린 공회원들과 거짓 증인들은 자연스럽게 한 팀이 되어 있었습니다.

백성과 장로와 서기관들을 충동시켜
공회에 거짓 증인들을 세우니, 그들이 말합니다.
"이 사람이 이 거룩한 곳과
율법을 거슬러 말하기를 마지 아니하는도다"(행 6:12-13)

거짓 증인들은 스데반이 "나사렛 예수가 이곳 성전을 헐고, 모세의 율법을 고치겠다"는 말을 했다며 거짓 증언을 합니다. 거짓 증인들의 증언에 따라 재판장이 피고 스데반에게 사실 관계를 묻습니다.

"이것이 사실이냐"(행 7:1)

    그러자 스데반의 최후진술이 시작됩니다. 스데반의 진술은 이 땅
에 오고 오는 모든 '평신도 지도자들'이 '읽고 또 읽고 암송해야 할 명
문장'입니다. 스데반의 증언은, 종교 전문가들인 산헤드린 공회원들
앞에서 2,000년의 구약성경 이야기를 하나도 틀리지 않고 정확하게
풀어 말한 〈통通성경의 모델〉이기 때문입니다.

"여러분 부형들이여 들으소서
우리 조상 아브라함이 하란에 있기 전 메소보다미아에 있을 때에
영광의 하나님이 그에게 보여 이르시되
네 고향과 친척을 떠나 내가 네게 보일 땅으로 가라 하시니
아브라함이 갈대아 사람의 땅을 떠나 하란에 거하다가
그의 아버지가 죽으매
하나님이 그를 거기서 너희 지금 사는 이 땅으로 옮기셨느니라

그러나 여기서 발 붙일 만한 땅도 유업으로 주지 아니하시고
다만 이 땅을 아직 자식도 없는 그와 그의 후손에게
소유로 주신다고 약속하셨으며
하나님이 또 이같이 말씀하시되
그 후손이 다른 땅에서 나그네가 되리니
그 땅 사람들이 종으로 삼아
사백 년 동안을 괴롭게 하리라 하시고

또 이르시되 종 삼는 나라를 내가 심판하리니
그 후에 그들이 나와서 이 곳에서 나를 섬기리라 하시고
할례의 언약을 아브라함에게 주셨더니
그가 이삭을 낳아 여드레 만에 할례를 행하고 이삭이 야곱을,
야곱이 우리 열두 조상을 낳으니라

여러 조상이 요셉을 시기하여 애굽에 팔았더니
하나님이 그와 함께 계셔 그 모든 환난에서 건져내사
애굽 왕 바로 앞에서 은총과 지혜를 주시매
바로가 그를 애굽과 자기 온 집의 통치자로 세웠느니라
그 때에 애굽과 가나안 온 땅에 흉년이 들어 큰 환난이 있을새
우리 조상들이 양식이 없는지라
야곱이 애굽에 곡식 있다는 말을 듣고
먼저 우리 조상들을 보내고
또 재차 보내매 요셉이 자기 형제들에게 알려지게 되고
또 요셉의 친족이 바로에게 드러나게 되니라

요셉이 사람을 보내어
그의 아버지 야곱과 온 친족 일흔다섯 사람을 청하였더니
야곱이 애굽으로 내려가 자기와 우리 조상들이 거기서 죽고
세겜으로 옮겨져 아브라함이 세겜 하몰의 자손에게서
은으로 값 주고 산 무덤에 장사되니라

하나님이 아브라함에게 약속하신 때가 가까우매
이스라엘 백성이 애굽에서 번성하여 많아졌더니
요셉을 알지 못하는 새 임금이 애굽 왕위에 오르매
그가 우리 족속에게 교활한 방법을 써서 조상들을 괴롭게 하여
그 어린 아이들을 내버려 살지 못하게 하려 할새
그 때에 모세가 났는데 하나님 보시기에 아름다운지라

그의 아버지의 집에서 석 달 동안 길리더니 버려진 후에
바로의 딸이 그를 데려다가 자기 아들로 기르매
모세가 애굽 사람의 모든 지혜를 배워
그의 말과 하는 일들이 능하더라

나이가 사십이 되매
그 형제 이스라엘 자손을 돌볼 생각이 나더니
한 사람이 원통한 일 당함을 보고 보호하여
압제 받는 자를 위하여 원수를 갚아 애굽 사람을 쳐 죽이니라
그는 그의 형제들이 하나님께서 자기의 손을 통하여
구원해 주시는 것을 깨달으리라고 생각하였으나
그들이 깨닫지 못하였더라

이튿날 이스라엘 사람끼리 싸울 때에
모세가 와서 화해시키려 하여 이르되

너희는 형제인데 어찌 서로 해치느냐 하니

그 동무를 해치는 사람이 모세를 밀어뜨려 이르되

누가 너를 관리와 재판장으로 우리 위에 세웠느냐

네가 어제는 애굽 사람을 죽임과 같이 또 나를 죽이려느냐 하니

모세가 이 말 때문에 도주하여 미디안 땅에서 나그네 되어

거기서 아들 둘을 낳으니라

사십 년이 차매 천사가 시내 산 광야

가시나무 떨기 불꽃 가운데서 그에게 보이거늘

모세가 그 광경을 보고 놀랍게 여겨 알아보려고 가까이 가니

주의 소리가 있어 나는 네 조상의 하나님

즉 아브라함과 이삭과 야곱의 하나님이라 하신대

모세가 무서워 감히 바라보지 못하더라

주께서 이르시되 네 발의 신을 벗으라

네가 서 있는 곳은 거룩한 땅이니라

내 백성이 애굽에서 괴로움 받음을 내가 확실히 보고

그 탄식하는 소리를 듣고 그들을 구원하려고 내려왔노니

이제 내가 너를 애굽으로 보내리라 하시니라

그들의 말이 누가 너를 관리와 재판장으로 세웠느냐 하며

거절하던 그 모세를 하나님은 가시나무 떨기 가운데서 보이던

천사의 손으로 관리와 속량하는 자로서 보내셨으니
이 사람이 백성을 인도하여 나오게 하고
애굽과 홍해와 광야에서 사십 년간 기사와 표적을 행하였느니라
이스라엘 자손에 대하여 하나님이 너희 형제 가운데서
나와 같은 선지자를 세우리라 하던 자가 곧 이 모세라

시내 산에서 말하던 그 천사와
우리 조상들과 함께 광야 교회에 있었고
또 살아 있는 말씀을 받아 우리에게 주던 자가 이 사람이라
우리 조상들이 모세에게 복종하지 아니하고자 하여 거절하며
그 마음이 도리어 애굽으로 향하여 아론더러 이르되
우리를 인도할 신들을 우리를 위하여 만들라
애굽 땅에서 우리를 인도하던 이 모세는 어떻게 되었는지
알지 못하노라 하고 그 때에 그들이 송아지를 만들어
그 우상 앞에 제사하며 자기 손으로 만든 것을 기뻐하더니
하나님이 외면하사
그들을 그 하늘의 군대 섬기는 일에 버려 두셨으니

이는 선지자의 책에 기록된 바
이스라엘의 집이여 너희가 광야에서
사십 년간 희생과 제물을 내게 드린 일이 있었느냐
몰록의 장막과 신 레판의 별을 받들었음이여

이것은 너희가 절하고자 하여 만든 형상이로다

내가 너희를 바벨론 밖으로 옮기리라 함과 같으니라

광야에서 우리 조상들에게 증거의 장막이 있었으니

이것은 모세에게 말씀하신 이가 명하사

그가 본 그 양식대로 만들게 하신 것이라

우리 조상들이 그것을 받아

하나님이 그들 앞에서 쫓아내신 이방인의 땅을 점령할 때에

여호수아와 함께 가지고 들어가서 다윗 때까지 이르니라

다윗이 하나님 앞에서 은혜를 받아 야곱의 집을 위하여

하나님의 처소를 준비하게 하여 달라고 하더니

솔로몬이 그를 위하여 집을 지었느니라

그러나 지극히 높으신 이는

손으로 지은 곳에 계시지 아니하시나니

선지자가 말한 바 주께서 이르시되

하늘은 나의 보좌요 땅은 나의 발등상이니

너희가 나를 위하여 무슨 집을 짓겠으며

나의 안식할 처소가 어디냐

이 모든 것이 다 내 손으로 지은 것이 아니냐 함과 같으니라

목이 곧고 마음과 귀에 할례를 받지 못한 사람들아

너희도 너희 조상과 같이 항상 성령을 거스르는도다

너희 조상들이 선지자들 중의 누구를 박해하지 아니하였느냐
의인이 오시리라 예고한 자들을 그들이 죽였고
이제 너희는 그 의인을 잡아 준 자요 살인한 자가 되나니
너희는 천사가 전한 율법을 받고도
지키지 아니하였도다"(행 7:2-53)

스데반이 이처럼 성경을 정확하게 이야기로 풀어 말하자, 산헤드린 공회원들이 이를 듣고 마음에 찔려 이를 갑니다. 스데반이 정면으로 성경 이야기를 가지고 종교 전문가를 자처하는 산헤드린 공회원들의 위선을 정곡으로 찔렀던 것입니다.

하지만 산헤드린 공회원들은 양심은 찔려 하면서도 결코 회개하거나 그들의 마음을 돌이킬 생각은 하지 않고, 오직 스데반을 죽일 생각만 합니다. 그런데 그 순간 스데반은 성령 충만하여 하나님의 영광과 하나님 우편에 서신 예수님을 보게 됩니다.

"그들이 이 말을 듣고 마음에 찔려 그를 향하여 이를 갈거늘
스데반이 성령 충만하여 하늘을 우러러 주목하여
하나님의 영광과 및 예수께서 하나님 우편에 서신 것을 보고"
(행 7:54-55)

예수님께서 스데반에게 하나님 우편에 서신 모습을 보여주신 것입

니다. 고난을 무릅쓰고 예수님의 증인이 되어준 스데반을 향한 예수님의 사랑이 아닐 수 없습니다.

> "주 예수께서 말씀을 마치신 후에 하늘로 올려지사
> 하나님 우편에 앉으시니라"(막 16:19)

하나님 우편에 계신 예수님을 보고 스데반이 그 사실을 증거합니다. "보라 하늘이 열리고 인자가
하나님 우편에 서신 것을 보노라"(행 7:56)

그러자 산헤드린 공회는 더 이상 재판을 위한 마지막 회의나 공식적인 판결조차도 내리지 않고, 무법자들처럼 큰 소리를 지르며, 귀를 막고, 스데반에게 달려들어 그를 예루살렘성 밖으로 내던진 후 돌로 칩니다. 스데반의 죽음을 보면서 〈4차 산헤드린 공회 재판〉에서 거짓으로 증언을 했던 이들이 옷을 벗어 사울의 발 앞에 둡니다.

> "그들이 큰 소리를 지르며 귀를 막고 일제히 그에게 달려들어
> 성 밖으로 내치고 돌로 칠새 증인들이 옷을 벗어
> 사울이라 하는 청년의 발 앞에 두니라"(행 7:57-58)

스데반은 돌에 맞아 죽어 가면서도 끝까지 예수님의 진정한 제자의 모습을 보여주었습니다. 예수님께서 십자가에서 죽어가시면서 하셨던 그 말씀들을 스데반도 따라 했던 것입니다.

사람들이 돌로 치니 스데반이 큰 소리로 기도합니다.

"주 예수여 내 영혼을 받으시옵소서"

그리고 무릎을 꿇고 또 크게 기도합니다.

"주여 이 죄를 그들에게 돌리지 마옵소서"(행 7:59-60)

〈4차 산헤드린 공회 재판〉은 이처럼 이성을 잃은 산헤드린 공회의 무자비한 사형이 시행된 공권력의 남용 그 자체였습니다. 산헤드린 공회가 이처럼 스데반을 공개처형까지 한 것은 '스데반이 그만큼 그들에게 위협적인 존재'였다는 반증입니다.

그런데 사람이 죽는 모습을 눈앞에서 목도하고도 사울이라는 청년은 스데반의 죽음을 당연하게 여겼습니다. 산헤드린 공회가 유대인들에게 그만큼 말도 안 될 정도의 과분한 공신력을 가지고 있었던 것입니다.

"사울은 그가 죽임 당함을 마땅히 여기더라"(행 8:1)

스데반 처형은 예루살렘 교회에 큰 쇼크였습니다. 하지만 예루살렘 교회는 쇼크에서 벗어날 시간조차 없이 교회에 가해지는 큰 박해로 인해 사도들을 제외한 모든 성도들은 목숨을 부지하기 위해 유대와 사마리아로 빨리 피신을 해야만 했습니다.

"그 날에 예루살렘에 있는 교회에 큰 박해가 있어
사도 외에는 다 유대와 사마리아 모든 땅으로 흩어지니라"(행 8:1)

산헤드린 공회 입장에서 스데반을 죽인 〈4차 산헤드린 공회 재판〉은 〈2차와 3차 산헤드린 공회 재판〉의 모욕을 한칼에 날려버린 쾌거였을 것입니다. 그들은 예루살렘에서 그들의 골칫덩어리였던 예루살렘 교회를 한 방에 제거했고, 다시 그들의 강한 공권력을 회복했으며, 더 나아가 '사울'이라는 '월등한 차세대 리더'를 발굴한 기분 좋은 날로 회복했기 때문입니다.

예루살렘 교회는 〈4차 산헤드린 공회 재판〉의 여파로 교회가 일단 와해되었고, 슬픔 속에 스데반의 장례식이 거행되었습니다.

"경건한 사람들이 스데반을 장사하고 위하여 크게 울더라"(행 8:2)

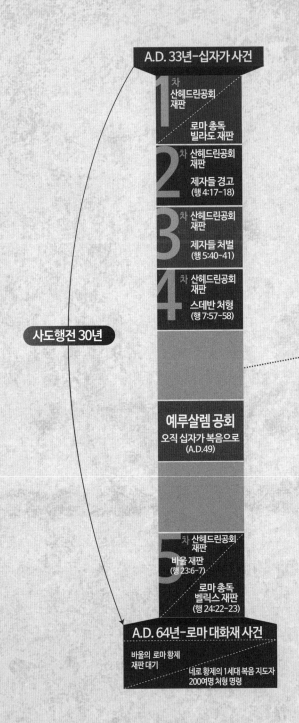

A.D. 33년–십자가 사건

1 차 산헤드린공회 재판
로마 총독 빌라도 재판

2 차 산헤드린공회 재판
제자들 경고 (행 4:17-18)

3 차 산헤드린공회 재판
제자들 처벌 (행 5:40-41)

4 차 산헤드린공회 재판
스데반 처형 (행 7:57-58)

사도행전 30년

예루살렘 공회
오직 십자가 복음으로 (A.D.49)

5 차 산헤드린공회 재판
바울 재판 (행 23:6-7)
로마 총독 벨릭스 재판 (행 24:22-23)

A.D. 64년–로마 대화재 사건

바울의 로마 황제 재판 대기
네로 황제의 1세대 복음 지도자 200여명 처형 명령

07 *30 years of Acts*

다메섹 외톨이 바울(A.D.34년)
– 하나님 나라의 기쁨을 위하여

사도들을 제외한 예루살렘 교회 대부분의 성도들이 박해를 피해 예루살렘을 떠났음에도 불구하고, 사울은 예루살렘 교회 성도들의 집까지 샅샅이 뒤지며 숨어 있는 마지막 한 사람까지도 발본색원(拔本塞源)하여 잡아 산헤드린 공회의 감옥에 넣었습니다.

　　그러자 예루살렘 교회는 정말 사도들 외에 다른 성도들은 거의 남아 있지 않게 되었습니다. 그런데 놀라운 사실은, 박해를 피해 '예루살렘을 떠난 성도들'이 오히려 '온 유대' 곳곳을 두루 다니며 예수 그리스도의 죽음과 부활을 전하는 '전도자'가 된 것입니다.

　　그리고 마침내 '사마리아'까지도 복음이 들어갔습니다. 앗수르에 의해 북이스라엘이 멸망하고 혼혈족 '사마리아인'(Samaritan)이 된 이

래로 800여 년 만에 사마리아가 복음으로 회복되는 기적이 일어난 것입니다.

> "사울이 교회를 잔멸할새
> 각 집에 들어가 남녀를 끌어다가 옥에 넘기니라
> 그 흩어진 사람들이 두루 다니며 복음의 말씀을 전할새
> 빌립이 사마리아 성에 내려가 그리스도를 백성에게 전파하니"
> (행 8:3-5)

예수님의 말씀대로 '예루살렘과 온 유대와 사마리아까지' 주의 복음이 들어가 예수 그리스도의 증인들이 생겨나게 된 것입니다. 예수 그리스도에 관한 소식 즉, 복음으로 인해 사마리아성에 큰 기쁨이 있게 되었으니, 드디어 복음이 '땅끝으로 갈 수 있는 길'이 열리게 되었습니다.

> "그 성에 큰 기쁨이 있더라"(행 8:8)

한편 사울은 사도들을 제외하고는 예수 믿는 자들의 상당수가 예루살렘에서 탈출했음을 깨닫고, 다음 단계의 일을 추진하기 시작했습니다. '사울의 아이디어(Idea)'는 다메섹에 있는 여러 회당들을 근거지로 하여 도망한 예수 믿는 자들을 다 잡아들이는 것이었습니다. 이를 위해 사울은 '대제사장의 권한'[7] 가운데 하나인 '회당에 보내는 공문'을 요구했습니다.

"사울이 주의 제자들에 대하여 여전히 위협과 살기가 등등하여
대제사장에게 가서 **다메섹 여러 회당**에 가져갈 공문을 청하니
이는 만일 그 도를 따르는 사람을 만나면 남녀를 막론하고
결박하여 예루살렘으로 잡아오려 함이라"(행 9:1-2)

드디어 산헤드린 공회의 의장인 대제사장의 공식적인 공문까지 손에 거머쥔 사울은 아직 젊은 청년임에도 불구하고, 어느새 예루살렘의 권력자가 되어가고 있었습니다.

그런데 대제사장의 공문까지 손에 거머쥐고 살기등등하게 다메섹으로 향하던 사울이 다메섹에 거의 도착할 즈음에 길에서 갑자기 예상치 못한 예수님의 음성을 직접 듣게 됩니다.

사울이 길을 가다가 다메섹에 가까이 이르니
홀연히 하늘로부터 빛이 그를 둘러 비추었습니다.
땅에 엎드려 들으매 소리가 들립니다.
"사울아 사울아 네가 어찌하여 나를 박해하느냐"
사울이 대답합니다.
"주여 누구시니이까"
"나는 네가 박해하는 예수라"(행 9:3-5)

---

7) 1년에 한 번 지성소에 들어가는 권한, 3대 명절(유월절·오순절·초막절) 진행 주도권, 예루살렘 성전 예·결
   산 주도권, 회당에 보내는 공문 발송권

예수님과 사울의 대화는 아주 짧은 시간이었을 것입니다. 그런데 사울의 '그 순간'(The Damascus Moment)은 자신이 그토록 박해하고 있는 '예수가 메시아'임을 깨닫는 바로 그 순간이었습니다.

사울은 바리새파로 〈모세5경〉과 〈선지자들의 글〉을 모두 배워 이미 다 알고 있었으며, 예수님을 만난 순간 예수님께서 율법과 선지자의 완성이심을 즉시 알게 되었습니다. 사울은 그 순간의 쇼크로 인해 눈은 떴으나 아무것도 보지 못하게 됩니다. 그리고 주변 사람들의 도움을 받아 겨우 다메섹으로 들어가 사흘 동안이나 보지도 못하고, 먹지도, 마시지도 못합니다.

"사울이 땅에서 일어나 눈은 떴으나 아무 것도 보지 못하고
사람의 손에 끌려 다메섹으로 들어가서
사흘 동안 보지 못하고 먹지도 마시지도 아니하니라"(행 9:8-9)

혈기 왕성했던 젊은 사울은 자신의 스승이 속해 있는 산헤드린 공회의 의결을 진심으로 존중하고 따랐으며, 산헤드린 공회를 괴롭히는(?) 예수와 예수를 따르는 자들을 척결해야 한다고 확신했습니다. 때문에 스데반의 죽음까지도 당연하게 여겼던 것입니다.

그런데 사울이 예수님의 음성을 직접 듣고, 자신이 오판했었다는 사실을 깨달은 것입니다. 그 사실이 사울로 하여금 보지도 못하게 하고, 먹지도 못하게 하며, 심지어 마시지도 못하게 할 정도의 쇼크가 되었습니다.

그때 다메섹에 아나니아라 하는 제자가 있었는데
예수님께서 환상 중에 부르십니다.
"아나니아야"
"주여 내가 여기 있나이다"

주께서 말씀하십니다.
"일어나 직가라 하는 거리로 가서
유다의 집에서 다소 사람 사울이라 하는 사람을 찾으라
그가 기도하는 중이니라"(행 9:10-11)

그런데 아나니아가 사울에 대한 소문을 이미 들어 알고 있음으로
사울에게로 가라는 예수님의 말씀이 두려웠습니다.

아나니아가 대답합니다.
"주여 이 사람에 대하여 내가 여러 사람에게 듣사온즉
그가 예루살렘에서 주의 성도에게 적지 않은 해를 끼쳤다 하더니
여기서도 주의 이름을 부르는 모든 사람을 결박할 권한을
대제사장들에게서 받았나이다"(행 9:13-14)

그러자 예수님께서 아나니아에게 사울이 앞으로 얼마나 큰 주의
일을 감당할 자인지를 말씀해주십니다. 이제 복음이 땅끝으로 퍼져 나
가야 할 시점에, '사울'은 이방인과 임금들과 이스라엘 자손들 모두에
게 복음을 전할, '어떠한 상황에도 제 기능을 다하는 전천후'(全天候) 히

든카드였습니다.

주의 말씀을 듣고 아나니아가 용기를 내어 사울에게로 갑니다. 그리고 사울에게 안수하면서 다메섹으로 오는 길에 사울이 예수를 만났다는 사실을 자신이 알고 있음을 밝힙니다.

더 나아가 예수께서 자신을 사울에게 보내셨음을 말하며, 이제 사울이 다시 보게 될 것과 사울이 성령으로 충만하게 될 것임을 전했습니다. 그러자 정말 아나니아의 말대로 사울이 다시 보게 됩니다.

주께서 아나니아에게 말씀하십니다.
"가라 이 사람은 내 이름을 이방인과 임금들과
이스라엘 자손들에게 전하기 위하여 택한 **나의 그릇**이라
그가 **내 이름을 위하여 얼마나 고난을 받아야 할 것**을
내가 그에게 보이리라"

아나니아가 그 집에 들어가서 그에게 안수하며 말합니다.
"형제 사울아, 주 곧 네가 오는 길에서 나타나셨던 예수께서
나를 보내어 너로 다시 보게 하시고 **성령으로 충만하게** 하신다"

즉시 사울의 눈에서 비늘 같은 것이 벗어져 다시 보게 됩니다.
일어나 세례를 받고 음식을 먹고 강건해집니다. (행 9:15-19)

참으로 놀라운 사실은 주께서 아나니아에게 사울은 '나의 그릇'이

라고 말씀하시며, 사울이 앞으로 주의 복음을 전하며 '예수 이름을 위하여' 많은 고난을 받을 것이라고 말씀하신 것입니다. 이 귀한 '사명'을 위해 주님은 사울에게 직접 아나니아를 보내셔서 사울을 다시 보게 하시고, 성령 충만하게 하셨습니다.

예수님께서는 마가의 다락방에 모여 있던 120명의 사람들이 '예수의 증인'으로서의 '사명'을 충분히 감당하게 하기 위해 성령을 임하게 하셨던 것처럼, 사도 바울에게 '사명'을 맡기시기 위해 성령으로 충만하게 하셨던 것입니다.

성령의 도우심을 받으면, 주님이 맡겨 주시는 어떤 어려운 '사명'도 감당할 수 있는 놀라운 힘과 용기가 생깁니다. 우리의 연약함으로는 결코 감당할 수 없는 크고 놀라운 일을 말입니다. 이것이 성령께서 하시는 일입니다.

이처럼 아나니아를 통해 다시 보게 되고, 성령으로 충만하게 된 사울은 다메섹에 있는 주의 제자들과 함께 며칠간 머물면서 즉시 다메섹의 여러 회당으로 가서 '예수가 하나님의 아들이심을 증거'하기 시작했습니다.

"사울이 다메섹에 있는 제자들과 함께 며칠 있을새
즉시로 각 회당에서
예수가 하나님의 아들이심을 전파하니"(행 9:19-20)

그런데 예루살렘에서의 극심한 박해로 인해 다메섹까지 피신한 예루살렘 교회 성도들은 사울의 변심에 너무나도 크게 놀랐습니다.

그들은 사울이 왜 다메섹까지 왔는지 그 이유까지도 속속들이 다 알고 있었는데, 사울이 갑자기 돌변해 예수 그리스도의 증인의 삶을 자처하니 사울을 의심하는 것도 무리가 아니었습니다. 그들 생각에는 머리 좋은 사울이 예수 믿는 자신들을 완전히 뿌리 뽑기 위해 위장 투항한 것으로 보였을 것입니다.

사람이 다 놀라 말합니다.
"이 사람이 예루살렘에서
이 이름을 부르는 사람을 멸하려던 자가 아니냐
여기 온 것도 그들을 결박하여 대제사장들에게
끌어 가고자 함이 아니냐"

사울은 힘을 더 얻어 예수를 그리스도라 증언하여
다메섹에 사는 유대인들을 당혹하게 합니다. (행 9:21-22)

사울은 자신의 진실을 알아주지 않는 다메섹의 주의 제자들에 대해 속상하고 안타까웠으나 달리 어찌할 방도가 없었습니다. 게다가 다메섹에 있는 예수를 믿는 유대인들이나, 여전히 산헤드린 공회의 주장에 동조하는 유대인들이나 모두 사울을 미워하기는 마찬가지였습니다.

말 그대로 '다메섹에서' 사울은 양쪽 진영 모두에게 오해와 미움을 받는 '외톨이 신세'가 되었습니다. 사울은 아라비아로 갔다가 다시 다메섹으로 돌아왔습니다. 그리고 예수를 증거하려 했으나, 다메섹에서 사울의 목숨을 노리며 밤낮으로 성문을 지키는 유대인들이 있다는 소식을 듣게 됩니다. 때문에 사울은 목숨을 보존하기 위해 자신의 제자들의 도움을 받아 밤에 광주리에 실려 성벽을 타고 내려와 간신히 다메섹성(城)을 탈출합니다.

"여러 날이 지나매 **유대인들이 사울 죽이기를 공모**하더니
그 계교가 사울에게 알려지니라
그들이 그를 죽이려고 밤낮으로 성문까지 지키거늘
그의 제자들이 밤에 사울을 광주리에 담아
성벽에서 달아 내리니라"(행 9:23-25)

다메섹에서 다시 예루살렘으로 돌아온 사울은 예루살렘 교회의 사도들을 만나고자 했습니다. 그러나 사도들조차도 사울의 과거 행적으로 인해 사울과 교제하기를 두려워했습니다.

"사울이 예루살렘에 가서 제자들을 사귀고자 하나
다 두려워하여 그가 제자 됨을 믿지 아니하니"(행 9:26)

이때 예루살렘에서 사울을 믿어주고, 사도들에게 사울을 소개한 사람이 바로 바나바였습니다. 바나바는 사도들에게 큰 신뢰를 받고 있

었던 초기교회 리더였습니다. 바나바 덕분에 사도들과 교류하게 된 사울은 예루살렘 교회의 일원이 되고, 예수 그리스도의 이름으로 담대히 복음을 전할 수 있었습니다.

그런데 사울이 '스데반의 경우와 마찬가지로' 헬라파 유대인들과 논쟁을 벌이다 그들에게 죽임을 당할 위험에 처하게 됩니다.

> **"바나바가 데리고 사도들에게 가서**
> 그가 길에서 어떻게 주를 보았는지와
> 주께서 그에게 말씀하신 일과
> 다메섹에서 그가 어떻게 예수의 이름으로
> 담대히 말하였는지를 전하니라
> 사울이 제자들과 함께 있어 예루살렘에 출입하며
> 또 주 예수의 이름으로 담대히 말하고
> 헬라파 유대인들과 함께 말하며 변론하니
> 그 사람들이 죽이려고 힘쓰거늘
> 형제들이 알고 가이사랴로 데리고 내려가서
> 다소로 보내니라"(행 9:27-30)

사울은 다메섹에 이어 예루살렘에서도 목숨을 부지하기 위해 도망해야 하는 신세가 되었습니다. 그러나 사울은 하나님 나라의 기쁨을 알게 되었기에 이 모든 일에 감사할 수 있었습니다.

그 사이에 온 유대와 갈릴리와 사마리아의 교회들은 든든히 성장해갔습니다.

"그리하여 온 유대와 갈릴리와 사마리아 교회가
평안하여 든든히 서 가고
주를 경외함과 성령의 위로로 진행하여
수가 더 많아지니라"(행 9:31)

한편 여전히 스데반의 순교의 여파로 숨을 죽이고 있던 예루살렘 교회에 참으로 기쁘고 놀라운 소식이 전해졌습니다.

산헤드린 공회의 박해로 인해 예루살렘을 떠나 베니게(페니키아)와 구브로(키프로스), 그리고 안디옥(Antioch 안티오크)까지 가서 복음을 전하던 자들로 인해 시리아 헬라 제국의 수도였던 안디옥에 예수를 주라 고백하는 성도들이 생겨났다는 소식이었습니다. 그러자 이 소식을 듣게 된 예루살렘 교회의 사도들이 바나바를 안디옥에 파송하기로 결정합니다.

"그 때에 스데반의 일로 일어난 환난으로 말미암아 흩어진 자들이
베니게와 구브로와 안디옥까지 이르러
유대인에게만 말씀을 전하는데
그 중에 구브로와 구레네 몇 사람이 안디옥에 이르러
헬라인에게도 말하여 주 예수를 전파하니
주의 손이 그들과 함께 하시매 수많은 사람들이 믿고

주께 돌아오더라

예루살렘 교회가 이 사람들의 소문을 듣고

바나바를 안디옥까지 보내니"(행 11:19-22)

안디옥으로 파송을 받은 바나바는 먼저 길리기아 다소에 있는 사울을 찾아갔습니다. 바나바는 사울의 실력을 익히 잘 알고 있었기에 안디옥에서 사울과 함께 동역하기로 마음먹었던 것입니다.

바나바와 사울이 함께 안디옥에서 동역하자 1년 만에 안디옥 교회가 매우 크게 성장하고, 마침내 안디옥 교회에서 주의 제자들은 '그리스도인'이라 불리는 영광을 얻게 됩니다.

"바나바는 착한 사람이요 성령과 믿음이 충만한 사람이라

이에 큰 무리가 주께 더하여지더라

바나바가 사울을 찾으러 다소에 가서 만나매

안디옥에 데리고 와서

둘이 교회에 일 년간 모여 있어 큰 무리를 가르쳤고

제자들이 안디옥에서

비로소 **그리스도인**이라 일컬음을 받게 되었더라"(행 11:24-26)

안디옥 교회는 크게 성장한 반면, 예루살렘 교회의 형편은 전보다 더 어려워졌습니다. 유대를 다스리는 분봉 왕 헤롯이 열두 사도들 가운데 본보기로 요한의 형제인 야고보를 칼로 죽인 것입니다. 예루살렘

의 유대인들이 야고보의 죽음을 기뻐하자, 헤롯은 베드로까지 잡아 죽이기로 결심합니다. 이때는 유월절 다음 날부터 일주일간 지키는 절기인 무교절(無酵節) 기간이었습니다.

> "그 때에 헤롯 왕이 손을 들어 교회 중에서 몇 사람을 해하려
> 하여 요한의 형제 야고보를 칼로 죽이니
> 유대인들이 이 일을 기뻐하는 것을 보고
> 베드로도 잡으려 할새 때는 **무교절 기간**이라"(행 12:1-3)

야고보는 헤롯의 칼에 순교를 당하고, 베드로마저 감옥에 갇히게 되자 예루살렘 교회는 말 그대로 초토화 일보 직전이었습니다. 이에 예루살렘 교회는 온 힘을 다해 베드로를 위해 기도했습니다.

> 잡아서 옥에 가두어 군인 넷씩인 네 패에게 맡겨 지키고
> 유월절 후에 백성 앞에 끌어 내고자 합니다.
> 이에 베드로는 옥에 갇혔고
> 교회는 그를 위하여 간절히 하나님께 기도합니다.

> 헤롯이 잡아 죽이려고 하는 그 전날 밤에
> 베드로가 두 군인 틈에서 두 쇠사슬에 매여 누워 자고
> 파수꾼들이 문 밖에서 옥을 지킵니다.
> 그때 홀연히 주의 사자가 나타나 옥중에 광채가 빛나며
> 또 베드로의 옆구리를 쳐 깨워 말합니다.

베드로와 천사 _ 안토니오 데 벨리스 作

"급히 일어나라"
그때 쇠사슬이 그 손에서 벗어집니다. (행 12:4-7)

　베드로의 처형이 시행되기 전날 밤에 기적처럼 주의 사자가 베드로를 감옥에서 빼내어 그를 성도들에게 돌려보내 주었습니다.
　이처럼 산헤드린 공회에 이어 헤롯의 극심한 박해로 인해 예루살렘 교회는 거의 숨조차 쉬지 못할 정도로 큰 어려움에 처해 있었습니다. 주의 사자가 베드로를 감옥에서 탈출시켜주기는 했으나, 베드로를 비롯한 사도들은 헤롯의 박해로 인해 하루하루 피가 마르는 날을 보냈습니다. 그런데 주의 사자가 헤롯을 치심으로 말미암아 헤롯이 벌레에 먹혀 죽는 일이 벌어집니다.

"헤롯이 영광을 하나님께로 돌리지 아니하므로
주의 사자가 곧 치니 벌레에게 먹혀 죽으니라"(행 12:23)

큰 위기를 맞은 예루살렘 교회는 헤롯의 죽음으로 일단 위험한 고비를 넘기게 됩니다.

예루살렘 교회의 어려움은 여전했지만, 안디옥 교회는 놀랍게도 1년 만에 바나바와 사울을 선교사로 파송합니다. 그래서 바나바와 사울은 바나바의 조카 마가와 함께 수리아(시리아) 안디옥 교회를 출발하여 먼저 바나바의 고향 구브로(키프로스)섬에 가서 복음을 전합니다.

성령이 말씀하십니다.
"내가 불러 시키는 일을 위하여
바나바와 사울을 따로 세우라"
이에 안디옥 교회는 금식하며 기도하고
두 사람에게 안수하여 보냅니다.
그리고 두 사람은 성령의 보내심을 받아 실루기아에 내려가
거기서 배 타고 구브로에 갑니다. (행 13:2-4)

이것이 〈바나바와 바울의 1차 전도여행〉의 시작이었습니다.

바나바와 바울은 구브로섬의 살라미를 거쳐 비시디아 안디옥과 이고니온, 그리고 루스드라와 더베에 가서 예수 그리스도의 복음을 전했

습니다. 이렇게 바나바와 바울의 1차 전도여행은 약 2년 동안 이루어
졌으며, 많은 어려움도 있었지만 주의 복음이 소아시아 일대에 전해지
는 놀라운 성과가 있었습니다.

"살라미에 이르러 하나님의 말씀을
유대인의 여러 회당에서 전할새
요한을 수행원으로 두었더라"(행 13:5)

그들은 버가에서 더 나아가 비시디아 안디옥에 이르러
안식일에 회당에 들어갑니다.
그리고 율법과 선지자의 글을 읽은 후에
회당장들이 사람을 보내어 묻습니다.
"형제들아 만일 백성을 권할 말이 있거든 말하라"(행 13:14-15)

"이에 이고니온에서 두 사도가 함께
유대인의 회당에 들어가 말하니
유대와 **헬라의 허다한 무리가** 믿더라"(행 14:1)

"이방인과 유대인과 그 고관들이
두 사도를 모욕하며 돌로 치려고 달려드니
그들이 알고 도망하여 루가오니아의 두 성 루스드라와 더베와
그 근방으로 가서 거기서 복음을 전하니라"(행 14:5-7)

이렇게 바나바와 바울은 소아시아 일대에 주의 복음을 전하고 다시 수리아(시리아) 안디옥 교회로 돌아왔습니다. 그런데 그 사이 유대로부터 온 어떤 사람들이 모세의 율법과 할례를 가지고 안디옥 교회 안에서 큰 문제를 일으켜 그렇게 튼튼했던 안디옥 교회 안에 다툼이 일어나게 됩니다.

어떤 사람들이 유대로부터 내려와 형제들을 가르칩니다.
"너희가 모세의 법대로 할례를 받지 아니하면
능히 구원을 받지 못하리라"(행 15:1)

이에 바울과 바나바가 모세의 율법과 할례 문제를 가지고 변론에 참여합니다만, 끝내 다툼만 계속될 뿐 해결책이 강구되지 않았습니다. 그래서 결국 이 문제를 예루살렘 교회로 넘깁니다.

안디옥 교회는 바울과 바나바, 그리고 안디옥 교회의 성도 가운데 몇 사람을 예루살렘 교회로 보내 거기서 사도들과 교회의 장로들과 함께 머리를 맞대고 지혜로운 결론을 얻기로 결의합니다.

"바울 및 바나바와 그들 사이에 **적지 아니한 다툼**과
변론이 일어난지라 형제들이 이 문제에 대하여
바울과 바나바와 및 그 중의 몇 사람을 예루살렘에 있는
사도와 장로들에게 보내기로 작정하니라"(행 15:2)

바울과 바나바, 그리고 안디옥 교회의 몇몇 사람들이 안디옥 교회의 전송을 받으며 베니게(페니키아)와 사마리아를 거쳐 예루살렘으로 출발합니다. 예루살렘에 도착한 바울과 바나바는 이방인들이 예수를 주라 고백하면서 믿는 자들이 되었음을 알렸습니다.

"그들이 교회의 전송을 받고 베니게와 사마리아로 다니며
이방인들이 주께 돌아온 일을 말하여
형제들을 다 크게 기쁘게 하더라"(행 15:3)

그러자 예루살렘 교회의 모든 성도들이 크게 기뻐했습니다. 그리고 본격적으로 〈예루살렘 공회〉가 시작되었습니다.

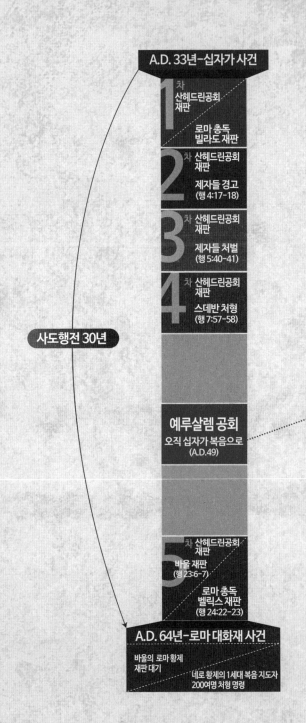

A.D. 33년-십자가 사건

1차 산헤드린공회 재판

로마 총독 빌라도 재판

2차 산헤드린공회 재판

제자들 경고
(행 4:17-18)

3차 산헤드린공회 재판

제자들 처벌
(행 5:40-41)

4차 산헤드린공회 재판

스데반 처형
(행 7:57-58)

사도행전 30년

예루살렘 공회

오직 십자가 복음으로
(A.D.49)

5차 산헤드린공회 재판

바울 재판
(행 23:6-7)

로마 총독 벨릭스 재판
(행 24:22-23)

A.D. 64년-로마 대화재 사건

바울의 로마 황제 재판 대기

네로 황제의 1세대 복음 지도자 200여명 처형 명령

30years of Acts

예루살렘 공회(A.D.49년)
– 하나님 나라, 오직 십자가 복음으로

바나바와 바울, 그리고 안디옥에서 함께 간 몇몇 사람들은 예루살렘에 도착해 예루살렘 교회의 사도들과 장로들에게 반가운 환대를 받았습니다. 그리고 예수님의 동생 야고보가 의장으로 역할을 감당하며 역사적인 〈예루살렘 공회〉를 시작합니다.

먼저 바나바와 바울 일행이 사도들과 예루살렘 교회의 장로들에게 지난 1년 동안 있었던 안디옥 교회의 사역과 2년 동안의 소아시아 지역 전도 사역 중에 '하나님께서 행하신 모든 일'에 대해 보고를 합니다.

"예루살렘에 이르러 교회와 사도와 장로들에게 영접을 받고 하나님이 자기들과 함께 계셔 행하신 모든 일을 말하매"(행 15:4)

루스드라에서의 바울과 바나바 _ 야곱 요르단스 作

　은혜로운 선교 보고가 끝나고, 본격적으로 공회가 안건을 받아 회의를 하기 시작했습니다. 〈예루살렘 공회〉의 첫 번째 안건인 '할례'가 가장 중요한 핵심의제로 먼저 제기되었습니다.

　바리새파 출신으로 예수를 믿게 된 어떤 사람이 발언권을 구하여 다음과 같은 발언을 했습니다.

"이방인에게 할례를 행하고
모세의 율법을 지키라 명하는 것이 마땅하다"(행 15:5)

　그의 주장은, 이방인들이 전도자들의 전도를 받고 예수를 믿게 된 것은 기쁜 일이지만 그들에게 '모세의 율법도 가르치고, 할례도 행해야 하지 않겠느냐'는 것이었습니다.

〈예루살렘 공회〉의 의제는 '하나님 나라 구원이 예수 그리스도의 십자가로 충분한가? 아니면 예수 그리스도의 십자가뿐 아니라, 모세의 율법까지도 포함해야 하는가? 하는 문제'였습니다. 그 가운데 특히 '할례 문제가 쟁점으로 부각'되었던 것입니다.

안디옥 교회에서 일어났던 다툼과 변론의 문제가 〈예루살렘 공회〉의 정식 안건으로 올라오게 된 것입니다. 그러자 이 문제를 가지고 사도들과 장로들이 은혜로운 결과를 도출하기 위해 최선을 다해 열띤 회의를 했습니다. 그러다가 베드로가 발언권을 얻어 말하기 시작했습니다.

"형제들아 너희도 알거니와
하나님이 이방인들로
내 입에서 복음의 말씀을 들어 믿게 하시려고
오래 전부터 너희 가운데서 나를 택하시고
또 마음을 아시는 하나님이
우리에게와 같이 그들에게도 성령을 주어 증언하시고 믿음으로
그들의 마음을 깨끗이 하사
그들이나 우리나 차별하지 아니하셨느니라
그런데 지금 너희가 어찌하여 하나님을 시험하여
우리 조상과 우리도 능히 메지 못하던 멍에를

제자들의 목에 두려느냐

그러나 우리는 그들이 우리와 동일하게

주 예수의 은혜로 구원 받는 줄을 믿노라"(행 15:7-11)

베드로의 발언의 요지는, 하나님께서 기독교 유대인들과 마찬가지로 이방인들에게도 성령을 부어주시고 믿음으로 깨끗하게 해주셨는데 기독교 유대인조차도 완전하게 지키지 못하는 '모세의 율법을 이방인 성도들에게 강요해 괴롭게 하는 것은 옳지 못하다'는 것입니다.

즉, 예수 그리스도의 십자가면 누구나 구원받기에 충분한데, 왜 이방인들에게 유대인들의 율법을 가지고 그들을 옭아매 괴롭게 하려고 하느냐는 것입니다.

하나님께서는 이를 위해 이미 베드로로 하여금 이방인들 가운데 경건하고, 하나님을 경외하며, 백성들을 많이 구제하는 로마의 백부장(백인대장) 고넬료를 만나게 하셨습니다.

"가이사랴에 고넬료라 하는 사람이 있으니

이달리야 부대라 하는 군대의 백부장이라

그가 경건하여 온 집안과 더불어 하나님을 경외하며

백성을 많이 구제하고 하나님께 항상 기도하더니"(행 10:1-2)

베드로는 성령의 인도하심에 따라 고넬료를 만났을 때에 이방인도 성령을 받고, 방언을 말하며, 하나님을 높이는 것을 직접 보았습니다.

그리고 자신뿐 아니라, 이미 할례를 받은 기독교 유대인들도 함께 이를 목도하고 크게 놀랐던 경험을 가지고 있었습니다. 그래서 베드로는 이방인인 고넬료에게 예수 그리스도의 이름으로 세례를 베풀었던 것입니다.

베드로가 이 말을 할 때에
성령이 말씀 듣는 모든 사람에게 내려오시니
베드로와 함께 온 할례 받은 신자들이
이방인들에게도 성령 부어 주심을 보고 놀랍니다.
이는 방언을 말하며 하나님 높임을 들었기 때문입니다.
이에 베드로가 말합니다.
"이 사람들이 우리와 같이 성령을 받았으니
누가 능히 물로 세례 베풂을 금하리요"
그리고 명합니다.
"예수 그리스도의 이름으로 세례를 베풀라"(행 10:44-48)

베드로가 이처럼 성령이 충만한 이방인 고넬료를 만나 그에게 세례를 베푼 것까지 말하자, 바나바와 바울도 〈1차 전도여행〉 중에 하나님께서 이방인들 가운데 행하신 표적과 기사에 대한 발언을 합니다.

"온 무리가 가만히 있어
바나바와 바울이 하나님께서 자기들로 말미암아
이방인 중에서 행하신 표적과 기사에 관하여

백부장 고넬료의 세례 _ 미쉘 코르네이유 1세 作

말하는 것을 듣더니"(행 15:12)

베드로에 이어 바나바와 바울 또한 같은 취지의 발언을 하자, 〈예루살렘 공회〉는 성령께서 이방인에게도 역사하신다는 사실과 '구원은 예수 그리스도의 십자가면 충분하다'는 결론으로 나아가게 됩니다. 그리고 이방인들에게 모세의 율법과 할례를 강요하는 것은, 예수를 믿으려 하는 이방인들을 괴롭게 하는 것임을 공식적으로 선언했습니다.

이렇게 사도들과 장로들과 책임 있는 교회의 지도자들이 함께 머리를 맞대고 예수 그리스도의 복음을 위해 열띤 회의를 거듭한 결과 〈예루살렘 공회〉의 의장인 야고보가 최종 발언으로 공회의 결정을 다음과 같이 발표합니다.

"형제들아 내 말을 들으라
하나님이 처음으로 이방인 중에서
자기 이름을 위할 백성을 취하시려고 그들을 돌보신 것을
시므온이 말하였으니
선지자들의 말씀이 이와 일치하도다
기록된 바 이 후에 내가 돌아와서
다윗의 무너진 장막을 다시 지으며
또 그 허물어진 것을 다시 지어 일으키리니
이는 그 남은 사람들과 내 이름으로 일컬음을 받는
모든 이방인들로 주를 찾게 하려 함이라 하셨으니
즉 예로부터 이것을 알게 하시는
주의 말씀이라 함과 같으니라

그러므로 내 의견에는 이방인 중에서
하나님께로 돌아오는 자들을 괴롭게 하지 말고

다만 우상의 더러운 것과 음행과 목매어 죽인 것과
피를 멀리하라고 편지하는 것이 옳으니"(행 15:13-20)

이렇게 〈예루살렘 공회〉는 가장 은혜롭고 멋진 결론을 도출하고,
바울과 바나바를 다시 안디옥 교회로 파송하기로 결의합니다. 그리고
예루살렘 교회의 중요한 멤버 가운데 유다와 실라도 안디옥으로 함께
파송하기로 결의합니다.

"이에 사도와 장로와 온 교회가 그 중에서 사람들을 택하여
바울과 바나바와 함께 안디옥으로 보내기를 결정하니
곧 형제 중에 인도자인 바사바라 하는 유다와 실라더라"(행 15:22)

〈예루살렘 공회〉는 이방인들에게 복음을 전함에 있어 〈하나님 나
라, 오직 십자가 복음으로 충분하다〉 그러므로 〈모세의 율법과 할례
문제를 가지고 이방인들을 괴롭게 하지 말자〉는 중요한 의결과 함께
다음과 같은 〈예루살렘 공회 공식 선언문〉을 발표했습니다.

"사도와 장로 된 형제들은
안디옥과 수리아와 길리기아에 있는
이방인 형제들에게 문안하노라

들은즉 우리 가운데서 어떤 사람들이

우리의 지시도 없이 나가서 말로 너희를 괴롭게 하고
마음을 혼란하게 한다 하기로 사람을 택하여
우리 주 예수 그리스도의 이름을 위하여
생명을 아끼지 아니하는 자인
우리가 사랑하는 바나바와 바울과 함께
너희에게 보내기를 만장일치로 결정하였노라

그리하여 유다와 실라를 보내니 그들도 이 일을 말로 전하리라
성령과 우리는 이 요긴한 것들 외에는
아무 짐도 너희에게 지우지 아니하는 것이 옳은 줄 알았노니
우상의 제물과 피와 목매어 죽인 것과 음행을 멀리할지니라
이에 스스로 삼가면 잘되리라 평안함을 원하노라"(행 15:23-29)

〈예루살렘 공회〉의 '선언문'에서 가장 눈에 띄는 부분은 '우리가 사랑하는 바나바와 바울', 바로 이 부분입니다. 바나바는 원래 예루살렘 교회가 사랑하고 또 사랑하던 형제였습니다.

그런데 바울은 그의 화려했던(?) 과거 전력으로 인해, 외톨이가 되었다가 바나바의 추천 덕분에 간신히 예루살렘 교회의 사도들과 교제를 할 수 있었고, 바나바가 다소까지 찾아가 손을 내민 덕분에 안디옥 교회에 가서 함께 사역할 수 있었고, 바나바가 함께 나서 주었기 때문에 〈1차 전도여행〉도 할 수 있었습니다. 그러므로 예루살렘 교회와 안

디옥 교회 어디에서도 바나바 없는 바울은 어느 누구도 상상할 수 없었습니다.

그런데 〈예루살렘 공회〉를 통해 바울이 바나바급으로 격상되어 '우리가 사랑하는 바나바와 바울'이 된 것입니다. 바울 입장에서는 감사와 감격 그 자체였을 것입니다.

과거 대제사장의 공문을 가지고 혈기 왕성하게 제2의 스데반을 찾아 다메섹으로 향했던 청년 사울은 이제 완전히 사라졌습니다. 이제는 우리가 사랑하는 바울이라는 글자가 새겨진 〈예루살렘 공회〉의 문건을 가슴에 안고, 공식적인 파송을 받아 안디옥으로 떠난 '예수의 제자 사도 바울'만이 있을 뿐이었습니다.

안디옥으로 다시 돌아온 바울과 바나바는 많은 사람들에게 더욱 담대히 예수 그리스도의 십자가와 부활을 가르쳤습니다.

그렇게 수일을 보내다가 바울이 바나바에게 또다시 전도여행을 떠나자고 제안을 했습니다. 1차 전도여행 중에 죽을 만큼 고생을 했음에도 불구하고, 그곳을 다시 찾아가자는 것입니다.

"며칠 후에 바울이 바나바더러 말하되
우리가 주의 말씀을 전한 각 성으로 다시 가서
형제들이 어떠한가 방문하자 하고"(행 15:36)

바울이 이처럼 제안하자 바나바도 바울의 말에 동의했습니다. 정말 못 말리는 사람들이 아닐 수 없습니다. 그런데 두 사람 사이에 이견이 생겼습니다. 다름이 아니라 바나바의 조카 마가 문제였습니다.

마가는 1차 전도여행 도중 구브로섬에서 함께 복음을 전한 후에 바울과 바나바와 함께 비디시아 안디옥으로 가지 않고, 자기 혼자 수리아(시리아) 안디옥으로 돌아왔던 일이 있었습니다. 바나바가 이번 전도여행에도 마가를 데려가자고 하자, 이를 바울이 반대하며 문제 삼았던 것입니다.

바울과 바나바 두 사람이 마가 문제에 대해 끝내 합의하지 못하자 결국 '두 개의 전도팀'이 꾸려지게 되었습니다. 만약 〈예루살렘 공회〉에서 바울이 '우리가 사랑하는 바울'이라는 문서를 받지 못했다면, 바울은 무조건 바나바와 함께해야 했을 것입니다.

그런데 〈예루살렘 공회〉를 통해 '바나바도 우리가 사랑하는 형제'이고, '바울 또한 우리가 사랑하는 형제'가 된 것입니다. 이 공식 문건의 글귀 덕분에 이제는 바울도 당당하게 단독으로 전도팀을 꾸려 나아갈 수 있게 되었습니다.

바나바는 마가와 한 팀을 이루어 〈1차 전도여행〉 때의 첫 목적지였던 구브로섬으로 향했습니다. 그리고 바울은 예루살렘에서 안디옥으로 함께 파송받은 실라와 한 팀을 이루어 수리아와 길리기아 쪽으로 출발했습니다.

"바나바는 마가라 하는 요한도 데리고 가고자 하나
바울은 밤빌리아에서
자기들을 떠나 함께 일하러 가지 아니한 자를
데리고 가는 것이 옳지 않다 하여
서로 심히 다투어 피차 갈라서니
바나바는 마가를 데리고 배 타고 구브로로 가고
바울은 실라를 택한 후에 형제들에게
주의 은혜에 부탁함을 받고 떠나 수리아와 길리기아로 다니며
교회들을 견고하게 하니라"(행 15:37-41)

여기에서부터 바나바와 마가의 전도 사역은 〈사도행전〉에서 더 이상 기록으로 남겨지지 않게 됩니다. 왜냐하면, 사도행전의 저자는 누가인데, 누가는 사도 바울이 실라와 함께 떠난 〈2차 전도여행〉 도중 드로아(트로이)에서 만나 바울과 함께 동역하게 된 헬라 출신 의사이자 역사가로 사도 바울의 전도팀을 중심으로 사도행전을 기록했기 때문입니다.

그러나 이후 사도 바울이 로마에서 죽음을 앞두고 디모데에게 쓴 편지를 보면, 마가는 바나바를 통해 정말 훌륭한 복음 전도자로 잘 성장했음을 충분히 추측할 수 있습니다. 마가는 예수님에 관한 최초의 복음서 〈마가복음〉을 썼고, 죽음을 앞둔 사도 바울이 복음을 위해 가

장 유익한 마가를 데려오라고 기록하고 있기 때문입니다.

"누가만 나와 함께 있느니라
네가 올 때에 마가를 데리고 오라
그가 나의 일에 유익하니라"(딤후 4:11)

실라와 함께 떠난 사도 바울의 〈2차 전도여행〉의 첫 도착지는, 1차 전도여행 때에 어려움을 가장 많이 겪었던 더베와 루스드라였습니다. 그런데 그곳에서 디모데를 만나게 되고, 디모데는 사도 바울의 제자가 됩니다. 디모데의 아버지는 헬라 사람이었고, 어머니는 유대 사람이었습니다. 그런데 디모데가 가정에서 얼마나 교육을 잘 받았는지 루스드라와 이고니온에 있는 성도들에게까지 칭찬이 자자할 정도였습니다.

사도 바울은 디모데를 그의 전도팀에 합류시켰습니다. 그리고 디모데의 아버지가 헬라인이라는 사실이 널리 알려져 있으므로, 디모데에게는 일부러 할례를 시켜 외부에 사소한 말이라도 생기지 않게 단속을 했습니다.

"바울이 더베와 루스드라에도 이르매
거기 디모데라 하는 제자가 있으니
그 어머니는 믿는 유대 여자요 아버지는 헬라인이라
디모데는 루스드라와 이고니온에 있는 형제들에게 칭찬 받는 자니

바울이 그를 데리고 떠나고자 할새

그 지역에 있는 유대인으로 말미암아

그를 데려다가 할례를 행하니

이는 그 사람들이 그의 아버지는 헬라인인 줄 다 앎이러라"

(행 16:1-3)

사도 바울은 디모데까지 전도팀에 합류를 시키고 더 열심히 여러 성으로 다니며 예수를 전했습니다. 그러자 여러 교회들의 성도들이 믿음이 더욱 굳건해지고 예수를 주라 고백하는 사람들의 수가 매일 늘어갔습니다.

"여러 성으로 다녀 갈 때에 예루살렘에 있는 사도와 장로들이

작정한 규례를 그들에게 주어 지키게 하니

이에 여러 교회가 믿음이 더 굳건해지고

수가 날마다 늘어가니라"(행 16:4-5)

그런데 성령께서 사도 바울 전도팀을 소아시아 지역이 아닌 유럽으로 인도하셨습니다.

성령이 아시아에서 말씀을 전하지 못하게 하시자

그들이 브루기아와 갈라디아 땅으로 다녀가

무시아 앞에 이르러 비두니아로 가고자 애쓰지만

예수의 영이 허락하지 않으십니다.

무시아를 지나 드로아로 내려갔는데 밤에 환상이 바울에게 보이니
마게도냐 사람 하나가 서서 그에게 청합니다.
"마게도냐로 건너와서 우리를 도우라"

바울이 그 환상을 보고
곧 마게도냐로 떠나기를 힘쓰니
이는 하나님이 저 사람들에게 복음을 전하라고
우리를 부르신 줄로 인정합니다.(행 16:6-10)

사도 바울 전도팀(사도 바울, 실라, 디모데)은 성령께서 인도하심에 따라 드로아(트로이)로 가서 누가를 만나게 되고, 그때부터 누가도 사도 바울의 전도팀에 합류합니다. 그리고 마침내 누가까지 합류하게 된 '드림팀'은 성령의 인도하심에 따라 유럽으로 건너가 마게도냐(마케도니아)의 빌립보(필립포스)와 데살로니가, 그리고 베뢰아에서 복음을 전했습니다.

"우리가 드로아에서 배로 떠나 사모드라게로 직행하여
이튿날 네압볼리로 가고 거기서 빌립보에 이르니
이는 마게도냐 지방의 첫 성이요 또 로마의 식민지라
이 성에서 수일을 유하다가"(행 16:11-12)

"그들이 암비볼리와 아볼로니아로 다녀가 데살로니가에 이르니
거기 유대인의 회당이 있는지라"(행 17:1)

"밤에 형제들이 곧 바울과 실라를 베뢰아로 보내니
그들이 이르러 유대인의 회당에 들어가니라"(행 17:10)

그 후 사도 바울은 실라와 디모데를 베뢰아에 남겨두고, 누가와 함께 먼저 그리스의 아덴(아테네)으로 내려갑니다. 그리고 아덴(아테네)을 거쳐 그리스의 가장 중요한 항구 도시인 고린도(코린트)에 이르렀습니다.

"바울이 아덴에서 그들을 기다리다가
그 성에 우상이 가득한 것을 보고 마음에 격분하여"(행 17:16)

"그 후에 바울이 아덴을 떠나 고린도에 이르러"(행 18:1)

사도 바울과 누가는 고린도(코린트)에 도착해, 그곳에서 브리스길라와 아굴라 부부를 만나게 됩니다.

당시 로마의 4대 황제인 글라우디오(클라우디우스)가 디아스포라 유대인들과 디아스포라 그리스인들 사이에 장사를 두고 일으킨 문제에 대해, 디아스포라 유대인들에게 책임을 물어 그들을 잠시 추방한 일이 있었습니다. 이때 디아스포라 유대인인 브리스길라와 아굴라 부부도 추방되어 로마에서 가장 가까운 항구 도시인 그리스의 고린도(코린트)에 머물고 있었습니다.

브리스길라와 아굴라 부부는 로마에서 '천막'(텐트)을 만들어 파는 사람들이었습니다. 사도 바울 또한 '천막'을 만들어 팔면서 자비량으로 선교를 하고 있었기 때문에 '천막'이라는 공통분모로 그들이 서로 통했던 것입니다.

브리스길라와 아굴라 부부와 교제하면서 사도 바울과 누가는, 베뢰아로부터 실라와 디모데가 도착하기를 기다리며 고린도(코린트)의 유대인 회당에서 디아스포라 유대인들과 헬라인들에게 예수 그리스도의 복음을 전하기 시작했습니다.

"안식일마다 바울이 회당에서 강론하고
유대인과 헬라인을 권면하니라"(행 18:4)

마침내 실라와 디모데가 고린도(코린트)에 도착합니다. 그러자 다시 사도 바울 전도팀이 하나가 되어 힘을 합해 주의 복음을 전합니다.

"실라와 디모데가 마게도냐로부터 내려오매
바울이 하나님의 말씀에 붙잡혀
유대인들에게 예수는 그리스도라 밝히 증언하니"(행 18:5)

그런데 다른 곳에서와 마찬가지로, 고린도(코린트)에서도 복음을 전하는 데 많은 방해와 어려움이 있었습니다. 그러나 주께서 환상 가운데 사도 바울에게 용기를 주시며, 고린도(코린트)에 주의 백성이 많음을 알려주십니다.

밤에 주께서 환상 가운데 바울에게 말씀하십니다.
"두려워하지 말며 침묵하지 말고 말하라
내가 너와 함께 있으매
어떤 사람도 너를 대적하여 해롭게 할 자가 없을 것이니
이는 이 성중에 내 백성이 많음이라"(행 18:9-10)

그리하여 사도 바울 전도팀은 1년 6개월간이나 고린도(코린트)에 머물며 고린도 교회를 든든히 세워갔습니다.

그동안 정말 기쁘고 반가운 소식도 듣게 됩니다. 그들이 복음을 전하다가 극심한 방해자들로 인해 3주 만에 쫓겨난 데살로니가 지역에 교회가 세워졌다는 소식을 전해 듣게 된 것입니다.
그래서 사도 바울은 너무나도 기쁘고 감사한 마음에 〈데살로니가전서〉와 〈데살로니가후서〉 두 통의 편지를 써 보냅니다. 그리고 이어서 〈갈라디아서〉를 써서 갈라디아 교회에 보냅니다.

사도 바울은 고린도(코린트)에서 1년 6개월간의 사역을 포함한 3년간의 〈2차 전도여행〉을 잘 마무리하고, 가이사랴와 예루살렘을 거쳐 다시 수리아(시리아) 안디옥으로 무사히 돌아옵니다.

사도 바울 일행은 안디옥 교회에 들러 얼마 동안 지내다가, 또다시

전도여행을 떠납니다. 〈3차 전도여행〉은 4년간의 긴 여정으로 특히 에베소 〈두란노 서원〉에서 약 2년간 머무르면서 하나님의 말씀을 가르쳤습니다. 그리고 고린도를 거쳐 두로를 지나 예루살렘으로 돌아오는 기나긴 전도여행이었습니다.

〈3차 전도여행〉 중에 사도 바울은 에베소의 〈두란노 서원〉에서 집중적으로 제자들을 길러냈습니다. 그런데 그때에 고린도 교회에 많은 문제들이 발생하고 있다는 소식을 전해 듣게 됩니다. 그러나 에베소에서의 사역이 아직 끝나지 않은 상태라 사도 바울은 곧바로 고린도로 갈 수 있는 형편이 못되었습니다.

그래서 사도 바울은 디모데와 에라스도를 먼저 마게도냐로 보내고, 고린도 교회에서 일어난 문제들에 대해서는 편지로 고린도 교회 성도들을 가르치고 권면했는데, 그 편지들이 바로 〈고린도전서〉와 〈고린도후서〉입니다.

이 일이 있은 후에 바울이 마게도냐와 아가야를 거쳐
예루살렘에 가기로 작정합니다.
"내가 거기 갔다가 후에 로마도 보아야 하리라"
바울을 돕는 사람 중에서
디모데와 에라스도 두 사람을 마게도냐로 보내고
바울은 아시아에 얼마 동안 더 있었습니다.(행 19:21-22)
사도 바울 일행은 에베소에서의 사역을 마무리하고, 고린도(코린트)

로 건너가서 고린도 교회를 다시 든든하게 세웠습니다. 그리고 그곳 고린도에서 사도 바울은 앞으로의 전도에 대한 '획기적이고 중대한 계획'을 세웁니다.

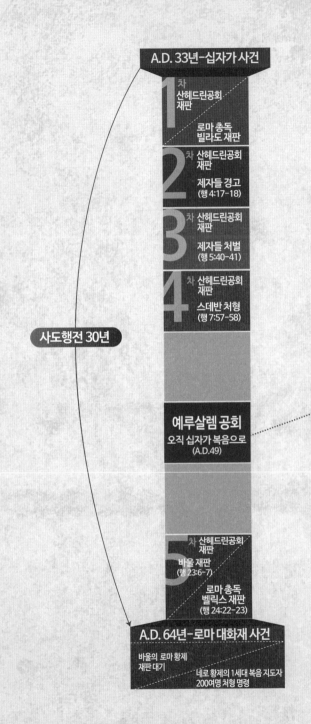

A.D. 33년-십자가 사건

1 차 산헤드린공회 재판

로마 총독 빌라도 재판

2 차 산헤드린공회 재판

제자들 경고
(행 4:17-18)

3 차 산헤드린공회 재판

제자들 처벌
(행 5:40-41)

4 차 산헤드린공회 재판

스데반 처형
(행 7:57-58)

사도행전 30년

예루살렘 공회

오직 십자가 복음으로
(A.D.49)

5 차 산헤드린공회 재판

바울 재판
(행 23:6-7)

로마 총독
벨릭스 재판
(행 24:22-23)

A.D. 64년-로마 대화재 사건

바울의 로마 황제
재판 대기

네로 황제의 1세대 복음 지도자
200여명 처형 명령

사도 바울 드디어
'선교팀장' 되다

안디옥 교회를 센터로 바나바와 함께 시작한 사도 바울의 〈1차 전도여행〉, 그 후 실라와 함께 출발하여 디모데와 누가의 합류로 소아시아에 이어 동유럽까지 복음을 전파한 〈2차 전도여행〉, 그리고 또다시 이어진 〈3차 전도여행〉까지 사도 바울의 전도 여정은 쉼이 없었습니다.

사도 바울은 〈3차 전도여행〉 중 에베소에서 제자들을 길러내고, 고린도로 건너가 고린도 교회를 든든하게 다시 세운 후, 앞으로의 전도 전략에 대한 큰 그림을 다시 그렸습니다.

사도 바울은 이제부터 선교의 지평을 더 넓혀 그동안 소아시아와 동유럽 선교를 담당했던 안디옥 교회와 같은 선교 센터를 '로마'에 세워 서유럽과 당시 사람들에게 땅끝이라고 알려진 서바나(스페인)까지 복음을 전하겠다는 원대한 계획을 세웠습니다.

당시 로마 제국의 생각은 '모든 길은 로마로 통한다'였습니다. 그런데 사도 바울의 생각은 로마 교회의 협력을 얻어 '모든 길은 예수로 통한다'였습니다. 바로 이 길을 생각하고 추진하겠다는 대대적인 계획을 수립했던 것입니다.

이 선교 프로젝트를 위해 사도 바울은 고린도(코린트)에서 로마 교회의 성도들에게 〈로마서〉를 써서 편지로 보냈습니다.

"그러므로 또한 내가 너희에게 가려 하던 것이 여러 번 막혔더니
이제는 이 지방에 일할 곳이 없고
또 여러 해 전부터 언제든지 서바나로 갈 때에
너희에게 가기를 바라고 있었으니"(롬 15:22-23)

사도 바울은 〈로마서〉에서 로마 교회 성도들에게 이제는 소아시아와 동유럽에는 더 이상 일할 곳이 없다고 말합니다. 그러나 이것은 소아시아와 동유럽에 복음이 완전히 다 전파되었다는 뜻은 아닙니다. 하지만 전략적으로 이제는 복음이 퍼져 나갈 수 있도록 길을 열어두었기 때문에, 소아시아와 동유럽을 두고 이제는 로마를 센터로 하여 '서바나(스페인)까지 복음'을 전할 때가 되었다는 것입니다.

  사도 바울은 자신의 당대에 예수 그리스도의 명령인 '예루살렘과 온 유대와 사마리아와 땅끝까지' 예수의 증인이 되고자 했습니다. 사도 바울은 이 목적을 위해 '로마 교회의 협력이 필요'했던 것입니다.

  로마서를 통해서 우리는, 과거 '다메섹 외톨이'였던 사도 바울이 그동안 얼마나 많은 복음 전도의 동역자들을 만들어 놓았는지를 알 수 있습니다.

  이제 더 이상 사도 바울은 외톨이가 아니었습니다. 사도 바울은 〈2차 전도여행〉과 〈3차 전도여행〉을 통해 수많은 '동역자들과 협력자들'을 만들어 이제 든든한 '선교팀장'이 되어 있었습니다.

  사도 바울은 이제 로마를 '세계 선교 센터'로 삼아야겠다는 계획과 아직도 산헤드린 공회의 끊임없는 박해로 인해 많은 어려움 속에 있는 예루살렘 교회를 도와야 한다는 생각이 매우 강했습니다. 이를 위해 사도 바울은 온갖 억측과 오해에도 불구하고, 마게도냐(마케도니아)의 교회들과 그리스의 고린도 교회를 심지어 경쟁까지 시켜가며 예루살렘 교회를 위한 헌금을 걷게 했습니다.

사도 바울은 비교적 경제적 안정을 누리고 있는 동유럽의 교회들이 어려운 형편 가운데 있는 예루살렘 교회를 도와 양쪽 교회를 평균케 하는 것이 옳다고 생각했던 것입니다.

결국 사도 바울의 끈질긴 설득으로 인해 '동유럽 교회들'(빌립보 교회, 데살로니가 교회, 베뢰아 교회, 고린도 교회)은 예루살렘 교회를 돕게 되고, 이를 통해 예루살렘 교회는 어려움을 딛고 다시 힘을 얻어 회복되는 좋은 기회가 되었습니다.

고린도에서 로마 교회 성도들에게 〈로마서〉를 써 보내고, 사도 바울은 고린도를 떠나 마지막으로 예루살렘을 방문하고자 했습니다. 사도 바울은 예루살렘 교회를 방문해서 예루살렘 교회와 소아시아의 교회들, 그리고 동유럽의 교회들이 서로 협력할 수 있도록 네트워크를 만들어놓고, 그 후에 로마를 거쳐 서바나(스페인)로 갈 계획이었습니다.

이를 위해 우선 고린도에서 배를 타고 수리아(시리아) 안디옥으로 곧바로 갈 계획이었습니다. 그런데 사도 바울을 죽이려는 '암살단들로 인해' 사도 바울 전도팀은 다시 마게도냐를 거쳐 돌아가기로 계획을 변경합니다.

때문에 사도 바울 일행 가운데 일부만 배를 타고 드로아(트로이)로 먼저 떠나고, 누가와 실라와 사도 바울은 마게도냐(마케도니아)에서 무교절까지 기다렸다가 마게도냐(마케도니아)의 빌립보(필립포스)에서 배를 타고 드로아(트로이)에 도착해 다시 팀이 다 모여 다음 여정을 결정해야 했습니다.

"소요가 그치매 바울은 제자들을 불러 권한 후에 작별하고 떠나 마게도냐로 가니라 그 지방으로 다녀가며

여러 말로 제자들에게 권하고 헬라에 이르러

거기 석 달 동안 있다가 배 타고 수리아로 가고자 할 그 때에 유대인들이 자기를 해하려고 공모하므로

마게도냐를 거쳐 돌아가기로 작정하니

아시아까지 함께 가는 자는 베뢰아 사람 부로의 아들 소바더와

데살로니가 사람 아리스다고와 세군도와 더베 사람 가이오와

및 디모데와 아시아 사람 두기고와 드로비모라

그들은 먼저 가서 드로아에서 우리를 기다리더라

우리는 무교절 후에 빌립보에서 배로 떠나

닷새 만에 드로아에 있는 그들에게 가서 이레를 머무니라"

(행 20:1-6)

그리고 드로아에서 각각 출발한 사도 바울 일행은 다시 앗소에서 만나 미둘레네를 거쳐 기오 앞에, 그리고 사모섬을 거쳐 밀레도에 도착합니다. 사도 바울은 소아시아에서 더 이상 시간을 지체하지 않고

최대한 빨리 즉, 오순절이 되기 전에 예루살렘에 도착해야겠다는 계획을 세웁니다.

원래 계획대로 고린도에서 수리아(시리아) 안디옥까지 한 번에 가는 배를 탔더라면 좋았을 텐데, 암살단을 피하느라 시간이 너무 지체되었던 것입니다. 사도 바울은 시간을 벌기 위해 에베소 교회 장로들을 밀레도로 오게 했습니다. 밀레도에서 에베소 교회 장로들을 만나고 난 후, 예루살렘으로 곧바로 가야 했기 때문입니다.

"바울이 아시아에서 지체하지 않기 위하여
에베소를 지나 배 타고 가기로 작정하였으니
이는 될 수 있는 대로 오순절 안에 예루살렘에 이르려고
급히 감이러라 바울이 밀레도에서 사람을 에베소로 보내어
교회 장로들을 청하니"(행 20:16-17)

사도 바울은 밀레도에서 에베소 교회 장로들과 만나 이번이 마지막 만남이 될 수 있음을 이야기하며 에베소 교회를 위한 간절한 당부를 전했습니다. 그래서 그들은 사도 바울과 작별을 하며 서로 크게 울 수밖에 없었습니다.

"다 크게 울며 바울의 목을 안고 입을 맞추고
다시 그 얼굴을 보지 못하리라 한 말로 말미암아
더욱 근심하고 배에까지 그를 전송하니라"(행 20:37-38)

사도 바울 일행은 에베소 교회 장로들과 밀레도에서 작별을 하고 고스, 로도, 바다라를 거쳐 베니게(페니키아)에 도착해, 베니게(페니키아)의 도시국가인 두로의 항구에서 하선(下船)했습니다. 두로에서 만난 사도 바울의 제자들은 바울이 예루살렘에 가는 것을 말렸습니다. 그만큼 사도 바울의 예루살렘 행(行)은 위험천만한 일이었습니다. 그러나 그 어떤 것도 사도 바울의 결심을 막을 수는 없었습니다.

바울은 그들과 작별하고 배를 타고
바로 고스로 가서 이튿날 로도에 이르러
거기서부터 바다라로 가서
베니게로 건너가는 배를 만나 타고 가다가
구브로를 바라보고 이를 왼편에 두고 수리아로 항해하여
두로에서 상륙하여 거기서 배의 짐을 풀기로 합니다.
그리고 제자들을 찾아 거기서 이레를 머뭅니다.
그 제자들이 성령의 감동으로 바울에게 말합니다.
"예루살렘에 들어가지 말라"(행 21:1-4)

사도 바울 일행은 다시 두로 항구를 출발해 돌레마이에 들렀다가, 드디어 유대로 들어와 가이사랴 항구에 도착합니다. 그때 가이사랴에는 사마리아성에 복음을 전했던 예루살렘 교회의 일곱 일꾼 가운데 한 사람인 빌립이 살고 있었습니다. 사도 바울 일행은 빌립의 집에 들어가 잠시 머물렀습니다.

"두로를 떠나 항해를 다 마치고 돌레마이에 이르러
형제들에게 안부를 묻고 그들과 함께 하루를 있다가
이튿날 떠나 가이사랴에 이르러
일곱 집사 중 하나인 전도자 빌립의 집에 들어가서 머무르니라"
(행 21:7-8)

가이사랴 빌립의 집에서도 사도 바울의 예루살렘 행(行)을 반대하고 나옵니다. 모든 제자들이 하나같이 사도 바울의 안위를 염려해주고 있었던 것입니다. 그러나 사도 바울의 생각은 확고했습니다. 사도 바울은 '주 예수의 이름을 위하여 결박 받을 뿐 아니라, 예루살렘에서 죽을 것도 각오하였다'고 말하며 예루살렘에 가겠다는 뜻을 굽히지 않았습니다.

우리가 그 말을 듣고 그 곳 사람들과 더불어 바울에게 권합니다.
"예루살렘으로 올라가지 말라"
바울이 대답합니다.
"여러분이 어찌하여 울어 내 마음을 상하게 하느냐
나는 **주 예수의 이름을 위하여 결박** 당할 뿐 아니라
예루살렘에서 죽을 것도 각오하였노라"

그가 권함을 받지 아니하므로
"우리가 주의 뜻대로 이루어지이다" 하고 그쳤노라(행 21:12-14)

가이사랴를 출발한 사도 바울은 그의 예루살렘 행(行)을 말리는 많은 동역자들의 진심 어린 조언을 뒤로하고, 우여곡절 끝에 유대인들의 위협을 피해 마침내 예루살렘에 도착합니다.

사도 바울은 예루살렘에 도착한 바로 다음 날, 어려운 상황 가운데에도 꿋꿋하게 예루살렘 교회를 지키고 있는 야고보와 예루살렘 교회 장로들을 만납니다.

사도 바울이 그들에게 안부를 전하고, 〈예루살렘 공회〉 이후부터 바나바 없이도 이루어낸 〈2차 전도여행〉과 〈3차 전도여행〉 중에 하나님께서 하신 놀라운 일들을 상세히 보고합니다. 과거 바나바의 보증으로 간신히 사도들을 만났을 때를 생각한다면, 실로 격세지감(隔世之感)이 아닐 수 없었습니다.

만약 〈예루살렘 공회〉의 공식 문건에 '우리가 사랑하는 바울'이라는 글귀가 없었더라면, 이날 사도 바울의 〈2차 전도여행〉과 〈3차 전도여행〉 보고는 이렇게 놀랍지 않았을 수도 있었을 것입니다.

"예루살렘에 이르니 형제들이 우리를 기꺼이 영접하거늘
그 이튿날 바울이 우리와 함께 야고보에게로 들어가니
장로들도 다 있더라 바울이 문안하고
하나님이 자기의 사역으로 말미암아
이방 가운데서 하신 일을 낱낱이 말하니"(행 21:17-19)

사도 바울은 그토록 원했던 예루살렘 교회에 헌금도 '받음직하게' 잘 전달했고, 선교 보고도 무사히 다 마쳤습니다. 이제 안전하게 예루살렘을 다시 잘 빠져나가 로마로만 가게 된다면, 그의 계획대로 당시 사람들에게 땅끝이라 알려져 있던 서바나(스페인)까지 복음이 전해지게 될 것입니다. 그런데 …

＊ 누가의 기록으로 우리는 사도 바울의 전도여행 기록은 자세히 알고 있습니다. 그런데 우리는 〈바나바와 마가의 전도여행〉 기록을 비롯한 당시 수많은 전도자들을 통해 역사하신 하나님의 일에 대해서는 안타깝게 알지 못하고 있습니다. 바나바를 비롯한 당시 전도자들의 이야기는 천국에 가서 밤이 새도록 귀를 쫑긋 세우고 들어야 할 것 같습니다.

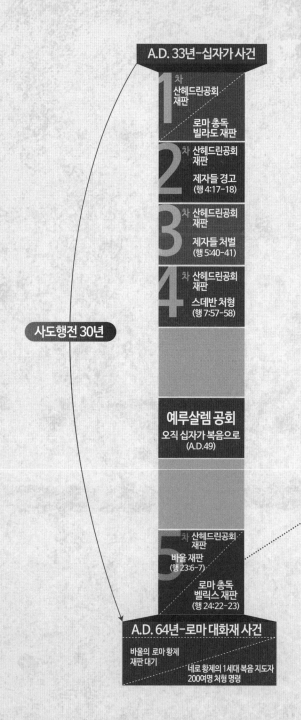

A.D. 33년-십자가 사건

1차 산헤드린공회 재판

로마 총독 빌라도 재판

2차 산헤드린공회 재판

제자들 경고 (행 4:17-18)

3차 산헤드린공회 재판

제자들 처벌 (행 5:40-41)

4차 산헤드린공회 재판

스데반 처형 (행 7:57-58)

사도행전 30년

예루살렘 공회

오직 십자가 복음으로 (A.D.49)

5차 산헤드린공회 재판

바울 재판 (행 23:6-7)

로마 총독 벨릭스 재판 (행 24:22-23)

A.D. 64년-로마 대화재 사건

바울의 로마 황제 재판 대기

네로 황제의 1세대 복음 지도자 200여명 처형 명령

10 *30years of Acts*

5차 산헤드린 공회 재판(A.D.59년)
– 자중지란(自中之亂)으로 해산

사도 바울은 온갖 위험을 무릅쓰고 예루살렘에 도착해 원하던 바를 모두 이루어냈습니다. 사도 바울은 특히 예루살렘 교회에 무사히 헌금을 전달하고 무척 기뻤을 것입니다. 과거 예루살렘 교회가 극심한 경제적 어려움을 겪고 있을 때에 바나바가 자신의 전 재산을 팔아 예루살렘 교회의 어려움을 해결했던 적이 있었습니다.

그런데 이번에는 사도 바울의 헌신과 노력으로 '동유럽 교회들이 정성껏 모아준 헌금'을 전달함으로 예루살렘 교회가 큰 어려움을 이겨낼 수 있게 된 것입니다.

이제 사도 바울의 계획대로 사도 바울 전도팀이 안전하게 로마로 가서 로마 교회 성도들의 협력을 받아 서바나(스페인)로 전도를 떠날 수만 있게 된다면 참으로 좋을 것입니다. 그런데 우려했던 대로 결국 예루살렘에서 일이 터지고 말았습니다.

사건의 발단은, 예루살렘 교회의 지도자들이 사도 바울에 대한 거짓 소문을 걱정하며 지혜로운 대안을 제시하고 그 일을 처리하면서 발생하게 되었습니다. 그 당시 유대인들 가운데 예수를 믿는 기독교 유대인들의 수는 놀랍게도 수만 명에 이르렀는데, 그들 대다수는 예수를 믿으면서도 여전히 율법을 잘 지키는 자들이었습니다.

그런데 사도 바울이 소아시아와 동유럽에서 이방인들과 디아스포라 유대인들에게 예수의 도를 가르치면서, 디아스포라 유대인들에게까지 모세의 율법을 배반하고 할례를 행하지 말라고 가르쳤다는 거짓 소문이 널리 퍼져 있었습니다.

〈예루살렘 공회〉의 결의에 따라 예수를 믿게 된 이방인들에게는 모세의 율법과 할례 문제로 그들을 괴롭게 하지 말자고 결의를 했지만, 디아스포라 유대인들의 경우는 유대 민족의 전통과 정결의식에 따라 할례를 행해야 했던 것입니다.

이 문제를 해결하기 위해 사도들은, 이미 사도들에게 서원을 한 디아스포라 유대인 네 명에게 유대 민족의 전통과 정결의식대로 결례를 행하고, 비용을 대주어 머리를 깎게 하자고 의견을 내놓았습니다.

그들이 듣고 하나님께 영광을 돌리며 바울에게 말합니다.

"형제여 그대도 보는 바에 유대인 중에 믿는 자 수만 명이 있으니
다 율법에 열성을 가진 자라
네가 이방에 있는 모든 유대인을 가르치되
모세를 배반하고 아들들에게 할례를 행하지 말고
또 관습을 지키지 말라 한다 함을 그들이 들었도다

그러면 어찌할꼬
그들이 필연 그대가 온 것을 들으리니 우리가 말하는 이대로 하라
서원한 네 사람이 우리에게 있으니
그들을 데리고 함께 결례를 행하고
그들을 위하여 비용을 내어 머리를 깎게 하라
그러면 모든 사람이 그대에 대하여 들은 것이 사실이 아니고
그대도 율법을 지켜 행하는 줄로 알 것이라"(행 21:20-24)

사도 바울이 사도들의 견해를 받아들였습니다. 그래서 사도 바울
은 사도들에게 서원한 네 사람을 데리고 유대 전통에 따라 결례를 행
하고, 예루살렘 성전에 올라가서 그들을 위해 제사를 드리며 모든 결
례를 다 마쳤습니다.

"바울이 이 사람들을 데리고 이튿날 그들과 함께 결례를 행하고
성전에 들어가서 각 사람을 위하여
제사 드릴 때까지의 결례 기간이 만기된 것을 신고하니라"(행 21:26)

그런데 이렇게 예루살렘 성전에서 디아스포라 유대인 네 사람에 대한 모든 결례가 끝이 날 즈음에 사건이 터졌습니다. 그때 소아시아 에서부터 사도 바울의 복음 전파를 방해해 오던 디아스포라 유대인들 도 오순절을 맞아 예루살렘 성전을 방문했다가 예루살렘 성전에서 사 도 바울을 보게 되었던 것입니다.

그들은 사도 바울이 유대인 네 사람을 데리고 유대 민족의 전통대 로 성전(유대인의 뜰)에서 결례를 행한 것을, 사도 바울이 헬라인들(이방 인들)을 데리고 '이방인의 뜰이 아닌, 유대인의 뜰'에서 결례를 행한 것 으로 크게 오해를 했습니다. 그들 생각에는 사도 바울이 이제는 예루 살렘 성전까지도 모독하는 자였던 것입니다.

그들은 전에 사도 바울이 에베소 사람 드로비모와 함께 예루살렘 성안에 있었던 것을 생각하고, 자기들이 보고 싶은 대로 사도 바울을 오해했던 것입니다.

그 이레가 거의 차매 아시아로부터 온 유대인들이 성전에서
바울을 보고 모든 무리를 충동하여 그를 붙들고 외칩니다.
"이스라엘 사람들아 도우라
이 사람은 각처에서 우리 백성과 율법과 이 곳을 비방하여
모든 사람을 가르치는 그 자인데
또 헬라인을 데리고 성전에 들어가서
이 거룩한 곳을 더럽혔다"

이는 그들이 전에 에베소 사람 드로비모가

바울과 함께 시내에 있음을 보고

바울이 그를 성전에 데리고 들어간 줄로 생각합니다.(행 21:27-29)

사도 바울을 싫어하는 소아시아에서 온 디아스포라 유대인들이 예루살렘성 사람들을 격분시켜 소동을 일으키자, 백성들이 사도 바울을 잡아 성전 밖으로 끌고 나갑니다. 그러자 예루살렘 성전의 모든 문들이 닫혔습니다.

"온 성이 소동하여 백성이 달려와 모여 바울을 잡아

성전 밖으로 끌고 나가니 문들이 곧 닫히더라"(행 21:30)

성전 밖으로 사도 바울을 끌고 나온 사람들은 그곳에서 사도 바울을 바로 죽이려 했습니다. 그런데 예루살렘 성안에서 소요 사태가 일어났다는 소식을 전해 들은 로마 군대의 천부장은 군사들과 백부장(백인대장)들을 이끌고 즉시 소동이 난 곳으로 출동을 했습니다. 그러자 사도 바울을 죽이려 했던 사람들이 행동을 멈췄습니다.

"그들이 그를 죽이려 할 때에

온 예루살렘이 요란하다는 소문이 군대의 천부장에게 들리매

그가 급히 군인들과 백부장들을 거느리고 달려 내려가니

그들이 천부장과 군인들을 보고

바울 치기를 그치는지라"(행 21:31-32)

로마 군대의 천부장은 소요가 난 곳으로 가까이 가서, 자기의 부하들에게 일단 사도 바울을 잡아 쇠사슬로 결박하라는 명령을 내렸습니다. 그리고 천부장은 사람들에게 사도 바울이 누구이며 무슨 일을 하는 사람이기에 죽이려고까지 했느냐고 물었습니다. 그런데 사람들이 제각기 마구 떠들어대는 통에 무슨 말인지 도저히 알아들을 수가 없었습니다.

이에 천부장이 가까이 가서 명합니다.
"바울을 잡아 두 쇠사슬로 결박하라"
그리고 그가 누구이며 그가 무슨 일을 하였는지 묻지만
무리 가운데서 어떤 이는 이런 말로,
어떤 이는 저런 말로 소리칩니다.
천부장이 소동으로 말미암아 진상을 알 수 없어 명합니다.
"그를 영내로 데려가라"(행 21:33-34)

천부장은 자기 부하들에게 사도 바울을 예루살렘 성전 북서쪽 언덕에 있는 로마 군대의 주둔지인 안토니아 망대의 영문 안으로 데려가라고 명령합니다.

그런데 사람들이 거기까지 따라오며 사도 바울을 죽여야 한다고 외쳐댔습니다.
사도 바울은 쇠사슬에 결박당한 채 끌려가면서 천부장에게 헬라어로 "제가 말을 좀 해도 되겠습니까?"라고 물었습니다. 그러자 천부장이 사도 바울에게 "어떻게 헬라어를 할 수 있느냐?"라고 물으며 놀랍니다.

> 바울이 층대에 이를 때에
> 무리의 폭행으로 말미암아 군사들에게 들려가니
> 이는 백성의 무리가 그를 없이하자고 외치며
> 따라갔기 때문이었습니다.
> 바울을 데리고 영내로 들어가려 할 그 때에
> 바울이 천부장에게 말합니다.
> "내가 당신에게 말할 수 있느냐"
>
> 천부장이 듣고 묻습니다.
> "네가 헬라 말을 아느냐"(행 21:35-37)

그리고 천부장은 사도 바울에게 묻습니다.

> "그러면 네가 이전에 소요를 일으켜 자객 사천 명을 거느리고
> 광야로 가던 애굽인이 아니냐"(행 21:38)

천부장이 잠시 다른 사람과 사도 바울을 혼돈했던 것입니다. 그러자 사도 바울이 자신의 신분을 밝혔습니다.

> "나는 유대인이라 소읍이 아닌 길리기아 다소 시의 시민이니

청컨대 백성에게 말하기를 허락하라"

천부장이 허락하거늘

바울이 층대 위에 서서 백성에게 손짓하여 매우 조용히 한 후에

히브리 말로 말하니라(행 21:39-40)

사도 바울이 오히려 천부장을 통해 기회를 얻어 자기를 죽이려 했던 동족 유대인들에게 입을 열어 예수를 전할 기회를 가지게 되었습니다.

"부형들아 내가 지금 여러분 앞에서 변명하는 말을 들으라"

바울이 히브리 말로 말함을 듣고 더욱 조용합니다.

이어 말합니다.

"나는 유대인으로 길리기아 다소에서 났고

이 성에서 자라 가말리엘의 문하에서

우리 조상들의 율법의 엄한 교훈을 받았고

오늘 너희 모든 사람처럼 하나님께 대하여 열심이 있는 자라

내가 이 도를 박해하여 사람을 죽이기까지 하고

남녀를 결박하여 옥에 넘겼노니

이에 대제사장과 모든 장로들이 내 증인이라"

또 내가 그들에게서 다메섹 형제들에게 가는

공문을 받아 가지고 거기 있는 자들도 결박하여

예루살렘으로 끌어다가 형벌 받게 하려고 가는 중

다메섹에 가까이 갔을 때에 오정쯤 되어
홀연히 하늘로부터 큰 빛이 나를 둘러 비치매
내가 땅에 엎드러져 들으니 소리가 나기를
"사울아 사울아 네가 왜 나를 박해하느냐"
내가 대답합니다.
"주님 누구시니이까"
주께서 말씀하십니다.
"나는 네가 박해하는 나사렛 예수라"

나와 함께 있는 사람들이 빛은 보면서도
나에게 말씀하시는 이의 소리는 듣지 못했습니다.
내가 말하기를
"주님 무엇을 하리이까"
주께서 말씀하십니다.
"일어나 다메섹으로 들어가라
네가 해야 할 모든 것을 거기서 누가 이르리라"

나는 그 빛의 광채로 말미암아 볼 수 없게 되었으므로
나와 함께 있는 사람들의 손에 끌려 다메섹으로 들어갔습니다.
그때에 율법에 따라 경건한 사람으로
거기 사는 모든 유대인들에게
칭찬을 듣는 아나니아라 하는 이가 내게 와 곁에 서서 말합니다.

"형제 사울아 다시 보라"

즉시 그를 쳐다보며 그가 또 말합니다.
"우리 조상들의 하나님이 너를 택하여
너로 하여금 자기 뜻을 알게 하시며 그 의인을 보게 하시고
그 입에서 나오는 음성을 듣게 하셨으니
네가 그를 위하여 모든 사람 앞에서
네가 보고 들은 것에 증인이 되리라
이제는 왜 주저하느냐 일어나 주의 이름을 불러 세례를 받고
너의 죄를 씻으라"

후에 내가 예루살렘으로 돌아와서 성전에서 기도할 때에
황홀한 중에 주께서 내게 말씀하십니다.
"속히 예루살렘에서 나가라
그들은 네가 내게 대하여 증언하는 말을 듣지 아니하리라"

내가 말하기를
"주님 내가 주를 믿는 사람들을 가두고 또 각 회당에서 때리고
또 주의 증인 스데반이 피를 흘릴 때에 내가 곁에 서서 찬성하고
그 죽이는 사람들의 옷을 지킨 줄 그들도 아나이다"
나더러 또 말씀하십니다.
"떠나가라 내가 너를 멀리 이방인에게로 보내리라"(행 22:1-21)

그런데 사도 바울의 진심 어린 말에도 불구하고 사도 바울을 죽이려 했던 유대인들은 사도 바울의 말을 중단시키고, 소리를 지르며, "이런 놈은 세상에서 없애버리자. 살려두어서는 안 될 놈이다"라고 떠들며, 옷을 벗어 던지고, 티끌을 공중에 날리기 시작했습니다.

그러자 천부장이 부하들에게 사도 바울을 영문 안으로 데려가라고 명령하고, 유대인들이 왜 그렇게까지 소동을 일으키는지 사도 바울을 직접 심문하고자 했습니다. 그리고 로마 군대의 관습대로 죄인을 일단 채찍질한 후에 심문을 하기 위해 사도 바울을 묶었습니다. 그러자 사도 바울이 그때 자신의 '로마 시민권' 카드를 꺼내 들었습니다.

'로마 시민권자'는 재판 없이 구금이나 투옥되지 않고, 죄수에게 자백을 강요할 때 사용하는 고문인 채찍질을 당하지 않으며, 시민으로 황제 재판(상소)을 신청할 권리, 그리고 최후의 특권으로는 십자가 처형을 받지 않을 권리를 가지고 있었습니다.

천부장이 바울을 영내로 데려가라 명하고
그들이 무슨 일로 그에 대하여 떠드는지 알고자 하여
채찍질하며 심문하라고 합니다.
가죽 줄로 바울을 매니 바울이 곁에 서 있는 백부장에게 말합니다.
"너희가 로마 시민 된 자를 죄도 정하지 아니하고
채찍질할 수 있느냐"(행 22:24-25)

사도 바울이 로마 시민권자라는 사실을 알게 된 백부장이 소스라치게 놀라 천부장에게 달려가 직접 보고를 했습니다. 그러자 백부장보다 몇 배 더 놀란 천부장이 단숨에 바울에게 달려와 숨을 몰아쉬며 묻습니다.

"네가 로마 시민이냐, 내게 말하라"
바울이 대답합니다.
"그러하다"
천부장이 놀란 나머지 엉겁결에 말합니다.
"나는 돈을 많이 들여 이 시민권을 얻었노라"
바울이 가볍게 말합니다.
"나는 나면서부터라"

심문하려던 사람들이 곧 그에게서 물러가고
천부장도 그가 로마 시민인줄 알고
그 결박한 것 때문에 두려워합니다. (행 22:27-29)

절차 없이 불법으로 로마 시민 바울을 결박한 일이 커지면 천부장이 중징계를 당할 수 있기 때문입니다. 그러므로 천부장은 오히려 사도 바울의 편의를 봐주기 위해 최선을 다합니다.

천부장은 예루살렘 성전에서 일어났던 이 소요 사태의 문제를 해결하기 위해 사도 바울을 묶었던 결박을 서둘러 풀어주고, 로마 시민권자이지만 유대인인 사도 바울과 그들 민족 사이에 무슨 문제가 있는지를 판명하기 위해 산헤드린 공회를 소집해 사도 바울을 그들 앞에 세웁니다.

〈4차 산헤드린 공회 재판〉에서 스데반이 돌에 맞아 죽은 이후, 정말 오랜만에 열리게 된 〈5차 산헤드린 공회 재판〉이었습니다.

"이튿날 천부장은 유대인들이 무슨 일로 그를 고발하는지
진상을 알고자 하여 그 결박을 풀고 명하여
제사장들과 온 공회를 모으고
바울을 데리고 내려가서 그들 앞에 세우니라"(행 22:30)

산헤드린 공회는 지난 30년 동안 이를 갈며 죽이고 싶었던 '그들의 배신자'를 그들 앞에 세운 회심의 재판이 아닐 수 없었습니다. 그런데 사도 바울이 먼저 산헤드린 공회원들 앞에서 발언을 하기 시작했습니다.

바울이 공회를 주목하며 입을 엽니다.
"여러분 형제들아 오늘까지 나는 범사에 양심을 따라
하나님을 섬겼노라"
대제사장 아나니아가 바울 곁에 서 있는 사람들에게 명합니다.
"그 입을 치라"(행 23:1-2)

그러자 사도 바울은 오래전 십자가 그 순간에 둘로 찢어졌던 성전

휘장을 몰래 다시 꿰맨 후 30년 동안 지성소에 들어가면서, 효력 없는 대제사장 권한을 사용하며 종교 사기를 쳐온 대제사장에게 진실을 말합니다.

"회칠한 담이여 하나님이 너를 치시리로다
네가 나를 율법대로 심판한다고 앉아서
율법을 어기고 나를 치라 하느냐"

바울의 엄청난 말에 서로 웅성거립니다.
"하나님의 대제사장을 네가 욕하느냐"
이때 바울이 그들을 조롱하듯 대답합니다.
"형제들아 나는 그가 대제사장인 줄 **알지 못하였노라**
기록하였으되
너의 백성의 관리를 비방하지 말라 하였느니라"(행 23:3-5)

사도 바울은 30년 전 대제사장에게 건네받은 공문으로 스데반에 이어 또 다른 살인을 저지를 뻔했던 섬뜩한 생각을 억눌러야 했습니다. 네 번의 산헤드린 공회를 통해 예수님의 부활을 끝까지 속이며 30년의 불법을 행하는 우두머리 대제사장에게 그동안 묵었던 분노를 쏟아 놓은 것입니다.

아울러 그들에게 휘말리지 않기 위해 기록 법리를 덧붙입니다. 산헤드린 공회원들은 '백성의 관원들을 비방하면 죄를 받는다'는 '율법

조항'으로 사도 바울의 유죄를 이끌어내려 했습니다. 하지만 가말리엘 문하에서 율법을 배운 사도 바울은 이 율법의 세세한 조항까지 이미 너무나도 잘 알고 있었기에 이에 말려들지 않고 오히려 '나는 그 말을 하는 당신이 대제사장인지 몰랐다'라고 말한 것입니다. 율법 전문가들의 〈팽팽한 법리 공방〉이었습니다.

이렇게 재판이 진행되는 와중에 사도 바울은 '산헤드린 공회를 일순간에 둘로 쪼개버릴 수 있는 폭탄 발언'을 했습니다. 자신은 바리새파라고 말하며, 부활을 믿지 않는 사두개파들을 겨냥해 '죽은 자의 소망 곧 부활 문제 때문에 내가 어려움에 처한 것'이라고 말했습니다. 다시 말해 사두개파 때문에 바리새파인 자신이 고난을 당하고 있다고 말함으로써 사두개파와 바리새파 사이를 갈라놓았던 것입니다.

사도 바울의 말이 채 끝나기도 전에 늘 그렇듯이 사두개파와 바리새파는 자기들끼리 싸우기 시작했습니다. 사두개파는 '부활도 없고, 천사도 없고, 영도 없다'고 하자 바리새파는 '아니다. 다 있다'고 말하며 대적했습니다. 산헤드린 공회원들은 자기들끼리 싸우느라, 사도 바울과는 싸울 시간이 없어졌습니다.

'산헤드린 공회원들'이 '자중지란'(自中之亂)[8]을 일으키며 서로 싸우느라 재판이고 뭐고 엉망이 되자, 천부장이 오히려 사도 바울을 보호하기 위해 로마 군사들을 시켜 사도 바울을 다시 그들의 영내로 안전

---

8) 자중지란(自中之亂)이란, 같은 편 안에서 일어나는 싸움을 일컬음.

하게 이동시켰을 정도였습니다.

> 큰 분쟁이 생기자 천부장은
> 바울이 그들에게 찢겨질까 하여 군인에게 명령합니다.
> "내려가 무리 가운데서 빼앗아 가지고
> 영내로 들어가라"(행 23:10)

다시 로마 군대의 주둔지인 예루살렘성의 '안토니아 망대의 영문' 안으로 들어가 그곳에서 밤을 맞게 된 사도 바울에게 주께서 찾아오십니다. 그리고 주님은 사도 바울이 예루살렘에서 주의 일을 증거했던 것처럼 로마에서도 증거하게 될 것이라고 사도 바울에게 용기를 주셨습니다.

> 그 날 밤에 주께서 바울 곁에 서서 말씀하십니다.
> "담대하라 네가 예루살렘에서 나의 일을 증언한 것 같이
> **로마에서도 증언하여야 하리라**"(행 23:11)

〈5차 산헤드린 공회 재판〉은 사도 바울이 자중지란을 만들어 산헤드린 공회원들의 이성을 잃게 함으로 그들이 스스로 생각해도 어이가 없는 재판이 되게 했습니다. 그런데 그 다음 날 산헤드린 공회원들을 다시 정신 차리게 해준 사건이 생겼습니다.

사도 바울을 죽이기 전에는 먹지도 마시지도 않겠다는 사람들

40여 명이 사도 바울을 암살하겠다며 산헤드린 공회를 찾아와, 다시 산헤드린 공회 재판을 열라고 말한 것입니다.

유대인들이 당을 지어 맹세합니다.
"바울을 죽이기 전에는 먹지도 아니하고 마시지도 아니하겠다"
이같이 동맹한 자가 사십여 명이었습니다.(행 23:12-13)

그들은 천부장에게 부탁해 산헤드린 공회를 다시 열라고 말합니다. 그러면 공회 재판에 참석하기 위해 사도 바울이 예루살렘의 재판 정으로 올 때 자신들이 중간에 매복해 있다가 암살하겠다는 계획이 었습니다.

그들이 대제사장들과 장로들에게 가서 말합니다.
"우리가 바울을 죽이기 전에는
아무 것도 먹지 않기로 굳게 맹세하였으니
이제 너희는 그의 사실을 더 자세히 물어보려는 척하면서
공회와 함께 천부장에게 청하여
바울을 너희에게로 데리고 내려오게 하라
우리는 그가 가까이 오기 전에 죽이기로 준비하였노라"
(행 23:14-15)

그런데 바울의 조카가 이 사실을 미리 알게 되고 천부장에게 고함으로 실행되지 못합니다. 자신의 영내에서는 사도 바울의 안전을 도모

할 수 없다고 판단한 천부장은 극비리에 사도 바울을 로마 총독과 군
단이 있는 가이사랴로 이송시킵니다.

이를 위해 천부장은 야간에 로마 군인 보병 200명과 기병 70명, 그
리고 창병 200명을 동원합니다.

이에 천부장이 청년을 보내며 경계하며 말합니다.

"이 일을 내게 알렸다고 아무에게도 이르지 말라"

백부장 둘을 불러 명령합니다.

"밤 제 삼 시에 가이사랴까지 갈

보병 이백 명과 기병 칠십 명과 창병 이백 명을 준비하라"

또 바울을 태워 총독 벨릭스에게로

무사히 보내기 위하여 명합니다.

"짐승을 준비하라"(행 23:22-24)

다음은 천부장 글라우디오 루시아가 유대에 파견되어 가이사랴에
주둔하고 있던 로마 총독 벨릭스에게 보낸 〈공식 문건〉입니다.

"글라우디오 루시아는 총독 벨릭스 각하께 문안하나이다

이 사람이 유대인들에게 잡혀 죽게 된 것을

내가 로마 사람인 줄 들어 알고

군대를 거느리고 가서 구원하여다가

유대인들이 무슨 일로 그를 고발하는지 알고자 하여

그들의 공회로 데리고 내려갔더니

고발하는 것이 그들의 율법 문제에 관한 것뿐이요
한 가지도 죽이거나 결박할 사유가 없음을 발견하였나이다

그러나 이 사람을 해하려는 간계가 있다고
누가 내게 알려 주기로 곧 당신께로 보내며
또 고발하는 사람들도 당신 앞에서
그에 대하여 말하라 하였나이다"(행 23:26-30)

〈6차 산헤드린 공회 재판〉을 빌미로 사도 바울을 죽이려 했던 암살단과 산헤드린 공회원들은 자신들의 계획이 탄로 나고, 또 밤중에 감쪽같이 사도 바울이 예루살렘에서 가이사랴로 이송되었으니, 이를 알고 아마도 약이 올라 펄펄 뛰었을 것입니다.

그러나 그들은 다시 정신을 차려 5일 만에 변호사까지 선임하고 '총독 재판으로 선회'해 정면 돌파로 나아갔습니다. 세상 사람들은 공권력과 재판을 두려워하지만, 산헤드린 공회는 재판정이 그들의 놀이터나 다름없기 때문입니다.

그러니 그들은 자신들의 주특기를 마음껏 발휘하며 '재판을 통해' 그들이 원하는 세상을 만들어갔던 것입니다. 과거에 그들이 예수님을 〈빌라도 총독 재판〉을 통해 십자가에서 죽게 했던 것처럼, 이번에는 〈벨릭스 총독 재판〉으로 사도 바울을 반드시 죽이겠다는 것입니다.

"닷새 후에 대제사장 아나니아가
어떤 장로들과 한 변호사 더둘로와 함께 내려와서
총독 앞에서 바울을 고발하니라"(행 24:1)

결국 산헤드린 공회의 고소를 받아들여 벨릭스가 사도 바울에 대한 〈총독 재판〉을 열었습니다. 총독 재판의 판사는 벨릭스 총독, 원고는 산헤드린 공회, 원고측 변호사는 더둘로, 피고는 변호사도 없는 바울이었습니다. 재판이 시작되자 '원고측 변호인이 변론을 시작'했습니다. 변호사 더둘로는 사도 바울이 전염병 같은 자이고, 디아스포라 유대인들을 소요하게 하는 자이고, 나사렛 이단의 우두머리이고, 성전을 더럽게 한 죄가 있으므로 '유죄'라고 주장했습니다.

더둘로가 고발합니다.
"벨릭스 각하여
우리가 당신을 힘입어 태평을 누리고
또 이 민족이 당신의 선견으로 말미암아 여러 가지로 개선된 것을
우리가 어느 모양으로나 어느 곳에서나 크게 감사하나이다
당신을 더 괴롭게 아니하려 하여 우리가 대강 여짜옵나니
관용하여 들으시기를 원하나이다
우리가 보니 이 사람은 전염병 같은 자라
천하에 흩어진 유대인을 다 소요하게 하는 자요
나사렛 이단의 우두머리라
그가 또 성전을 더럽게 하려 하므로 우리가 잡았사오니

당신이 친히 그를 심문하시면

우리가 고발하는 이 모든 일을 아실 수 있나이다"(행 24:2-8)

총독 재판의 판사인 벨릭스는 사도 바울이 유대인이지만, 동시에 로마 시민권자기에 매우 조심스럽게 재판을 이끌어가야만 했습니다. 벨릭스 총독은 사도 바울을 나름대로 배려하기 위해 사도 바울에게 변호사 더둘로가 하는 말에 대해 옳고 그름을 머리로 표시하라고 말했습니다. 그러나 사도 바울은 당당하게 스스로 자신을 변호하겠다고 말했습니다.

바울이 대답합니다.

"당신이 여러 해 전부터 이 민족의 재판장 된 것을

내가 알고 내 사건에 대하여 기꺼이 변명하나이다"(행 24:10)

다음은 피고가 된 사도 바울이 〈벨릭스 총독 재판〉에서 '스스로를 변호했던 문건'입니다.

"당신이 아실 수 있는 바와 같이

내가 예루살렘에 예배하러 올라간 지 열이틀밖에 안 되었고

그들은 내가 성전에서 누구와 변론하는 것이나

회당 또는 시중에서 무리를 소동하게 하는 것을 보지 못하였으니

이제 나를 고발하는 모든 일에 대하여

그들이 능히 당신 앞에 내세울 것이 없나이다

그러나 이것을 당신께 고백하리이다

나는 그들이 이단이라 하는 도를 따라

조상의 하나님을 섬기고 율법과 선지자들의 글에

기록된 것을 다 믿으며

그들이 기다리는 바 하나님께 향한 소망을 나도 가졌으니

곧 의인과 악인의 **부활이 있으리라** 함이니이다

이것으로 말미암아 나도 하나님과 사람에 대하여

항상 양심에 거리낌이 없기를 힘쓰나이다

여러 해 만에 내가 내 민족을 구제할 것과

제물을 가지고 와서 드리는 중에 내가 결례를 행하였고

모임도 없고 소동도 없이 성전에 있는 것을 그들이 보았나이다

그러나 아시아로부터 온 어떤 유대인들이 있었으니

그들이 만일 나를 반대할 사건이 있으면

마땅히 당신 앞에 와서 고발하였을 것이요

그렇지 않으면 이 사람들이 내가 공회 앞에 섰을 때에

무슨 옳지 않은 것을 보았는가 말하라 하소서

오직 내가 그들 가운데 서서 외치기를

내가 **죽은 자의 부활**에 대하여

오늘 너희 앞에 심문을 받는다고 한

이 한 소리만 있을 따름이니이다"(행 24:11-21)

피고인 사도 바울은 조목조목 자신의 무죄를 주장했습니다. 사실, 총독 벨릭스는 그의 아내가 유대인이었기에 예수 그리스도에 대해 들어 알고 있었습니다. 때문에 벨릭스는 사도 바울의 말에 개인적으로도 관심이 있었고, 예수 그리스도에 대해 더 알고 싶기도 했습니다.

그래서 벨릭스는 예루살렘에서 천부장이 오면, 다시 재판을 하자며 재판을 연기했습니다. 또한 백부장에게 명령하여 로마의 공권력으로 로마 시민인 사도 바울을 지켜주고, 자유를 주며, 사도 바울의 지인 중에 누구라도 그를 도울 수 있도록 허락했습니다.

벨릭스가 이 도에 관한 것을
더 자세히 아는 고로 재판을 연기하며 말합니다.
"천부장 루시아가 내려오거든 너희 일을 처결하리라"
그리고 백부장에게 명령합니다.
"바울을 지키되 자유를 주고 그의 친구들이
그를 돌보아 주는 것을 금하지 말라"(행 24:22-23)

그렇게 며칠이 지난 후, 총독 벨릭스가 그의 유대인 아내와 함께 사도 바울을 불러 예수 그리스도에 대해 더 자세히 알기를 청했습니다. 그러자 사도 바울이 벨릭스와 그의 아내에게 의와 절제와 장차 오는 심판에 대해 가르쳐주었습니다. 그러자 벨릭스가 두려워하며 다음에 다시 이야기하자며 사도 바울을 내보냈습니다.

그러면서도 벨릭스는 사도 바울에게 돈을 받고 싶어 속이 보일 정
도로 사도 바울을 자주 불렀습니다. 벨릭스 총독은 과거에 빌라도 총
독이 유대에서 큰돈을 벌었다는 것과, 더 나아가 얼마 전에 사도 바울
이 예루살렘 교회에 큰돈을 전달했다는 정보를 이미 가지고 있었던 것
입니다.

누가는 〈사도행전〉을 로마의 유력한 정치인 가운데 한 명인 데오
빌로에게 써 보내면서, 벨릭스 총독이 사도 바울에게 뇌물을 받으려
했다는 사실을 이렇게 대놓고 '폭로'했던 것입니다.

수일 후에 벨릭스가 그 아내 유대 여자 드루실라와 함께 와서
바울을 불러 그리스도 예수 믿는 도를 듣거늘
바울이 의와 절제와 장차 오는 심판을 강론합니다.
벨릭스가 두려워하여 대답합니다.
"지금은 가라 내가 틈이 있으면 너를 부르리라"
동시에 또 **바울에게서 돈을 받을까 바라는 고로**
더 자주 불러 같이 이야기합니다. (행 24:24-26)

벨릭스 총독은 사도 바울에게서 돈이 나오기를 기다리며 2년 동안
이나 재판을 끌었습니다. 그러다가 벨릭스 총독 대신 베스도가 유대의
신임 총독으로 부임하게 됩니다. 이에 벨릭스는 막판에 산헤드린 공회
를 지지하는 유대인들에게 주는 마지막 선물로 사도 바울을 다시 감옥
에 넣고 가이사랴를 떠납니다.

벨릭스 총독 앞에 선 바울 _ 윌리엄 호가스 作

"이태가 지난 후 보르기오 베스도가 벨릭스의 소임을 이어받으니
벨릭스가 유대인의 마음을 얻고자 하여
바울을 구류하여 두니라"(행 24:27)

벨릭스 총독이 떠나고 베스도가 유대의 총독으로 부임해 가이사랴
로 입성했습니다. 베스도 총독은 가이사랴에 들어온 지 3일 후에 예루
살렘을 방문했습니다. 그런데 베스도 총독이 예루살렘에 도착하자마자
산헤드린 공회원들이 사도 바울을 다시 고소하며 가이사랴 감옥에 간
혀 있는 사도 바울을 예루살렘으로 이송시켜 달라는 청탁을 합니다. 산
헤드린 공회는 사도 바울을 죽이겠다는 결심이 여전했습니다.

"베스도가 부임한 지 삼 일 후에
가이사랴에서 예루살렘으로 올라가니
대제사장들과 유대인 중 높은 사람들이 **바울을 고소할새**
베스도의 호의로 바울을 예루살렘으로 옮기기를 청하니
이는 길에 **매복하였다가 그를 죽이고자 함이더라**"(행 25:1-3)

로마 총독들은 그들이 다스리는 식민지 국가 어디에서든지 뇌물은 기꺼이 받지만, 청탁에 대해서는 꽤나 깐깐하게 처리하는 자들이었습니다. 그 정도의 정치력은 있어야 로마 정계에서 식민지 총독으로 나갈 수 있기 때문입니다. 베스도도 나름대로 유능한 정치인이었기에 황금알을 낳는 지역인 유대의 총독으로 부임했던 것이고, 그런 그가 겨우 3일 만에 유대의 산헤드린 공회에 휘둘릴 리는 없었을 것입니다.

베스도는 산헤드린 공회의 청탁에 대해서는 거부 의사를 확실히 했습니다. 대신 전임 총독이 가이사랴 감옥에 가두어둔 사도 바울에 대한 재판이 필요하다면, 예루살렘에서 유력한 사람이 자신과 함께 가이사랴로 가서 재판하자고 역제안을 했습니다. 그러면서 베스도는 예루살렘에서 8일에서 10일 정도의 시간을 보냅니다.

그리고 가이사랴로 다시 돌아온 베스도 총독은 그 다음 날 사도 바울에 대한 재판을 열었습니다. 2년 만에 가이사랴에서 〈총독 재판〉이 다시 열리게 된 것입니다.

베스도가 대답하여 바울이 가이사랴에 구류된 것과
자기도 멀지 않아 떠나갈 것을 말하고 또 말합니다.
"너희 중 유력한 자들은 나와 함께 내려가서
그 사람에게 만일 옳지 아니한 일이 있거든 고발하라"

베스도가 그들 가운데서 팔 일 혹은 십 일을 지낸 후
가이사랴로 내려가서 이튿날 재판 자리에 앉고
바울을 데려오라고 명합니다.(행 25:4-6)

베스도 총독은 판사의 자리에 앉았고, 사도 바울은 또다시 피고가
되어 재판정 피고석에 앉게 되었습니다. 그리고 예루살렘에서 가이사
랴까지 베스도를 따라온 산헤드린 공회 측의 유대인들은 원고가 되어
사도 바울의 유죄를 입증하기 위해 최선을 다했습니다. 그러나 사도
바울의 유죄는 끝내 입증되지 않았습니다.

"그가 나오매 예루살렘에서 내려온 유대인들이 둘러서서
여러 가지 중대한 사건으로 고발하되
능히 증거를 대지 못한지라"

그러자 사도 바울이 최후변론을 합니다.
"유대인의 율법이나 성전이나 가이사에게나
내가 도무지 죄를 범하지 아니하였노라"(행 25:7-8)

그러자 베스도가 산헤드린 공회 측의 유대인들의 마음을 얻기 위해 눈치를 보면서, 사도 바울이 혹시 예루살렘에 가서 재판 받기를 원하는지 묻습니다.

"네가 예루살렘에 올라가서
이 사건에 대하여 내 앞에서 심문을 받으려느냐"(행 25:9)

지난 2년여 기간 동안 암살단은 어떻게 해서든지 기회를 잡아 반드시 사도 바울을 암살하겠다는 각오였습니다. 그리고 산헤드린 공회는 무슨 수를 쓰든지 예루살렘에서 〈6차 산헤드린 공회 재판〉을 열고, 사도 바울을 반드시 죽이겠다는 각오였습니다.

이제 유대에 갓 부임한 베스도 총독은 사도 바울과 산헤드린 공회 사이를 저울질하며 어느 쪽에 더 큰 이익이 있는지를 살피고 있었습니다. 이것이 가이사랴에서의 〈베스도 총독 재판〉의 행간이었습니다.

A.D. 33년-십자가 사건

1차 산헤드린공회 재판

로마 총독 빌라도 재판

2차 산헤드린공회 재판

제자들 경고 (행 4:17-18)

3차 산헤드린공회 재판

제자들 처벌 (행 5:40-41)

4차 산헤드린공회 재판

스데반 처형 (행 7:57-58)

사도행전 30년

예루살렘 공회

오직 십자가 복음으로 (A.D.49)

5차 산헤드린공회 재판

바울 재판 (행 23:6-7)

로마 총독 벨릭스 재판 (행 24:22-23)

A.D. 64년-로마 대화재 사건

바울의 로마 황제 재판 대기

네로 황제의 1세대 복음 지도자 200여명 처형 명령

바울, '황제 재판 청구'
– 산헤드린의 6차 공회 재판 거부

시도 바울이 계속해서 가이사랴에서 총독 재판을 받을 것인가? 아
니면 예루살렘으로 가서 산헤드린 공회 재판을 받을 것인가? 사도 바
울의 선택에 관심이 집중되었습니다. 드디어 사도 바울이 입을 열어
자신의 의견을 피력했습니다.

　　사도 바울의 선택은 놀랍게도 '로마 황제 재판'이었습니다. 로마
는 공식적으로는 황제의 나라가 아닌, ⟨SPQR 원로원과 시민의 협의
체⟩(Senatus Populusque Romanus)로 이루어진 나라라고 밝힙니다.

　　그래서 '황제'(Emperor)는 군대의 총사령관이자, 제1시민으로 '로
마 시민이 원하면' 반드시 '재판에 응할 의무'가 있었습니다. 때문에 로
마 시민권자인 사도 바울은 황제에게 로마 시민으로서 당당히 재판을

청구할 권리를 가지고 있었던 것입니다.

바울이 말합니다.
"내가 **가이사의 재판** 자리 앞에 섰으니
마땅히 거기서 심문을 받을 것이라
당신도 잘 아시는 바와 같이
내가 유대인들에게 불의를 행한 일이 없나이다
만일 내가 불의를 행하여 무슨 죽을 죄를 지었으면
죽기를 사양하지 아니할 것이나
만일 이 사람들이 나를 고발하는 것이 다 사실이 아니면
아무도 나를 그들에게 내줄 수 없나이다
내가 **가이사께 상소하노라**"(행 25:10-11)

사도 바울의 요구는 너무나도 정당했기에 베스도 총독이나 산헤드린 공회도 반박을 할 수가 없었습니다. 결국 베스도 총독은 재판부와의 협의를 통해 사도 바울의 황제 재판 청구를 수납하게 됩니다.

베스도가 배석자들과 상의하고 말합니다.
"네가 **가이사에게 상소하였으니** 가이사에게 갈 것이라"(행 25:12)

로마 시민의 권리인 '황제 재판 청구'가 결정되자, 그들은 이제 공식적인 법리 공방을 통해서는 어떤 수를 써도 사도 바울을 이길 수가 없었습니다. 사도 바울은 말릴 수도, 그렇다고 이길 수도 없는 '강적 중

의 강적'이었습니다.

며칠이 지나, '헤롯 왕가의 아그립바 왕이 자신의 여동생 버니게와 함께' 가이사랴의 베스도 총독에게 인사를 하기 위해 방문했습니다. 당시에는 유대를 직접 통치하지는 않았지만 그럼에도 로마 황제에 의해 공식적으로 임명되어, 예루살렘 성전 대제사장의 임명과 파면, 그리고 성전 창고와 제사장의 예복을 관리하는 책임을 가지고 있었습니다.

"수일 후에 아그립바 왕과 버니게가
베스도에게 문안하러 가이사랴에 와서"(행 25:13)

베스도 총독은 가이사랴를 방문한 아그립바 왕과 여러 날을 함께 보내며 이런저런 대화를 많이 나누게 됩니다. 그 대화 가운데 베스도는 예루살렘에서 있었던 일들과 가이사랴에서 열었던 총독 재판에 대한 이야기를 하면서 아그립바 왕에게 자문을 구합니다.

베스도가 아그립바 왕에게 자문을 구한 이유는, 〈산헤드린 공회〉가 고소한 사도 바울에게서 유죄를 발견할 수 없다는 것입니다. 산헤드린 공회가 사도 바울을 고소한 사건은 단지 그들의 '종교적인 문제일 뿐'이라는 것입니다.

사실 유대인들의 종교 문제는 산헤드린 공회가 재판하는 것이 옳지만, 이미 총독 재판으로 넘어와 있는 사건이기에 가이사랴에서 재판을 했던 것입니다. 그런데 자신이 주관한 총독 재판을 통해서는 끝내 사도 바울의 유죄가 입증되지 않았고, 사도 바울은 황제 재판을 청구해놓은 상태라는 것입니다.

황제 재판 청구를 위해서 베스도 총독이 사도 바울의 죄에 대해 고소장을 제출해야 하는데 고소할 죄목이 없다는 것이 문제였습니다. 그리고 더 나아가서 황제 재판 청구라는 명목으로라도 사도 바울을 가이사랴에서 내보내야 사도 바울이 산헤드린 공회로부터 목숨을 지킬 수 있다는 것을 베스도가 눈치 챘던 것입니다.

베스도가 바울의 일로 왕에게 말합니다.
"벨릭스가 한 사람을 구류하여 두었는데
내가 예루살렘에 있을 때에 유대인의 대제사장들과 장로들이
그를 고소하여 정죄하기를 청하기에 내가 대답하되
무릇 피고가 원고들 앞에서 고소 사건에 대하여
변명할 기회가 있기 전에 내주는 것은
로마 사람의 법이 아니라 하였노라

그러므로 그들이 나와 함께 여기 오매 내가 지체하지 아니하고
이튿날 재판 자리에 앉아 명하여 그 사람을 데려왔으나
원고들이 서서 내가 짐작하던 것 같은 악행의 혐의는
하나도 제시하지 아니하고 오직 자기들의 종교와
또는 예수라 하는 이가 죽은 것을 살아 있다고 바울이 주장하는

그 일에 관한 문제로 고발하는 것뿐이라
내가 이 일에 대하여 어떻게 심리할는지 몰라서 바울에게 묻되
예루살렘에 올라가서 이 일에 심문을 받으려느냐 한즉
바울은 황제의 판결을 받도록 자기를 지켜 주기를 호소하므로
내가 그를 가이사에게 보내기까지 지켜 두라 명하였노라"

(행 25:14-21)

베스도의 자세한 설명을 듣고 아그립바 왕도 사도 바울을 만나보고 싶다고 하자, 베스도는 다음 날 사도 바울을 만나게 해주겠다고 아그립바 왕에게 약속합니다.

다음 날 아그립바 왕과 그의 여동생 버니게가 그들에게 걸맞은 예우를 받으며 가이사랴성에서 힘깨나 쓰는 유력한 자들과 천부장이 함께 사도 바울을 만나기 위해 접견장소로 갔습니다. 그리고 베스도 총독의 명령으로 사도 바울도 그 자리에 나왔습니다.

베스도 총독이 말합니다.
"아그립바 왕과 여기 같이 있는 여러분이여
당신들이 보는 이 사람은 유대의 모든 무리가 크게 외치되
살려 두지 못할 사람이라고 하여 예루살렘에서와
여기서도 내게 청원하였으나
내가 살피건대 죽일 죄를 범한 일이 없더이다

그러나 그가 황제에게 상소한 고로 보내기로 결정하였나이다
그에 대하여 황제께 확실한 사실을 아뢸 것이 없으므로
심문한 후 상소할 자료가 있을까 하여
당신들 앞 특히 아그립바 왕 당신 앞에 그를 내세웠나이다
그 죄목도 밝히지 아니하고 죄수를 보내는 것이
무리한 일인 줄 아나이다"(행 25:24-27)

그러자 아그립바 왕이 사도 바울에게 그의 무죄와 황제 재판 청구에 대한 당위성에 대해 말할 수 있는 기회를 주었습니다.

아그립바가 바울에게 말합니다.
"너를 위하여 말하기를 네게 허락하노라"(행 26:1)

사도 바울은 아그립바 왕 앞에서 자신의 무죄에 대해 입증하면서, 동시에 예수 그리스도에 대해 이야기합니다.

"아그립바 왕이여 유대인이 고발하는 모든 일을
오늘 당신 앞에서 변명하게 된 것을 다행히 여기나이다
특히 당신이 유대인의 모든 풍속과 문제를 아심이니이다
그러므로 내 말을 너그러이 들으시기를 바라나이다

내가 처음부터 내 민족과 더불어 예루살렘에서
젊었을 때 생활한 상황을 유대인이 다 아는 바라

일찍부터 나를 알았으니 그들이 증언하려 하면

내가 우리 종교의 가장 엄한 파를 따라

바리새인의 생활을 하였다고 할 것이라

이제도 여기 서서 심문 받는 것은

하나님이 우리 조상에게 약속하신 것을 바라는 까닭이니

이 약속은 우리 열두 지파가 밤낮으로 간절히

하나님을 받들어 섬김으로 얻기를 바라는 바인데

아그립바 왕이여

이 소망으로 말미암아

내가 유대인들에게 고소를 당하는 것이니이다

당신들은 하나님이 죽은 사람을 살리심을

어찌하여 못 믿을 것으로 여기나이까

나도 나사렛 예수의 이름을 대적하여

많은 일을 행하여야 될 줄 스스로 생각하고

예루살렘에서 이런 일을 행하여 대제사장들에게서

권한을 받아 가지고 많은 성도를 옥에 가두며

또 죽일 때에 내가 찬성 투표를 하였고

또 모든 회당에서 여러 번 형벌하여

강제로 모독하는 말을 하게 하고

그들에 대하여 심히 격분하여

외국 성에까지 가서 박해하였고

그 일로 대제사장들의 권한과 위임을 받고
다메섹으로 갔나이다

왕이여
정오가 되어 길에서 보니 하늘로부터 해보다 더 밝은 빛이 나와
내 동행들을 둘러 비추는지라
우리가 다 땅에 엎드러지매 내가 소리를 들으니
히브리 말로 이르되
사울아 사울아 네가 어찌하여 나를 박해하느냐
가시채를 뒷발질하기가 네게 고생이니라

내가 대답하되 주님 누구시니이까
주께서 이르시되
나는 네가 박해하는 예수라 일어나 너의 발로 서라
내가 네게 나타난 것은
곧 네가 나를 본 일과 장차 내가 네게 나타날 일에
너로 종과 증인을 삼으려 함이니
이스라엘과 이방인들에게서
내가 너를 구원하여 그들에게 보내어
그 눈을 뜨게 하여 어둠에서 빛으로,
사탄의 권세에서 하나님께로 돌아오게 하고
죄 사함과 나를 믿어 거룩하게 된 무리 가운데서

기업을 얻게 하리라 하더이다

아그립바 왕이여
그러므로 하늘에서 보이신 것을 내가 거스르지 아니하고
먼저 다메섹과 예루살렘에 있는 사람과 유대 온 땅과
이방인에게까지 회개하고 하나님께로 돌아와서
회개에 합당한 일을 하라 전하므로
유대인들이 성전에서 나를 잡아 죽이고자 하였으나
하나님의 도우심을 받아 내가 오늘까지 서서
높고 낮은 사람 앞에서 증언하는 것은
선지자들과 모세가 반드시 되리라고 말한 것밖에 없으니
곧 그리스도가 고난을 받으실 것과 죽은 자 가운데서
먼저 다시 살아나사 이스라엘과 이방인들에게
빛을 전하시리라 함이니이다"(행 26:2-23)

사도 바울의 말을 다 들은 베스도가 사도 바울의 깊은 학식과 논리
에 기겁을 하며, 한마디로 사도 바울을 평가합니다. 사도 바울의 학식
이 너무 깊어서 그가 미쳤다는 것입니다.

"바울아 네가 미쳤도다
네 많은 학문이 너를 미치게 한다"(행 26:24)

아그립바 왕 앞에 선 바울_ Nikolai Bodarevsk 作

　사도 바울이 베스도의 말에 한 마디도 지지 않고, 더 논리정연하게 베스도와 아그립바 왕에게 자신의 주장의 정당성을 말합니다. 그리고 자신이 결박된 채 그들 앞에서 말하고 있는 형편이지만, 그 자리에 있는 모든 사람들이 결박된 이 상황 외에 다른 모든 면에서는 자신처럼 예수 그리스도의 증인이 되기를 하나님 앞에서 원한다고 말합니다.

"베스도 각하여
내가 미친 것이 아니요 참되고 온전한 말을 하나이다
왕께서는 이 일을 아시기로 내가 왕께 담대히 말하노니
이 일에 하나라도 아시지 못함이 없는 줄 믿나이다
이 일은 한쪽 구석에서 행한 것이 아니니이다
아그립바 왕이여
선지자를 믿으시나이까 믿으시는 줄 아나이다"

사도 바울 _ 디에고 벨라스케스 作

아그립바가 바울에게 말합니다.

"네가 적은 말로 나를 권하여 그리스도인이 되게 하려 하는도다"

바울이 말합니다.

"말이 적으나 많으나 당신뿐만 아니라

오늘 내 말을 듣는 모든 사람도 다 이렇게 결박된 것 외에는

나와 같이 되기를 하나님께 원하나이다"(행 26:25-29)

그러자 아그립바 왕과 베스도 총독과 아그립바 왕의 여동생 버니게와 그 자리에 있던 모든 사람들이 다 같이 접견 장소에서 다른 장소로 이동해 회의를 한 후에 의견의 일치를 봅니다.

사도 바울은 〈산헤드린 공회〉의 주장처럼 사형이나 결박될 만한 죄가 전혀 없다는 것입니다. 만약 사도 바울이 황제 재판을 청구하지 않았더라면 다시 자유롭게 되었을 것이라고 말했습니다. 이는 곧 사도 바울이 〈산헤드린 공회〉의 손에 의해 죽었을 것이라고 말입니다.

"이 사람은 사형이나 결박을 당할 만한 행위가 없다 하더라"
이에 아그립바가 베스도에게 말합니다.
"이 사람이 만일 **가이사에게 상소**하지 아니하였더라면
석방될 수 있을 뻔하였다"(행 26:31-32)

사도 바울의 황제 재판 청구로 말미암아 산헤드린 공회는, 사도 바울을 죽이기 위해 그토록 간절히 열고자 했던 〈6차 산헤드린 공회 재판〉을 끝내 열지 못하게 되었습니다. 그리고 이제 사도 바울은 암살단과 산헤드린 공회로부터 벗어나 그토록 가고자 했던 로마로 떠날 수 있게 되었습니다. 그런데 복음 전도자로서가 아니라, 본의 아니게 황제 재판을 청구한 '죄수의 신분'으로 말입니다.

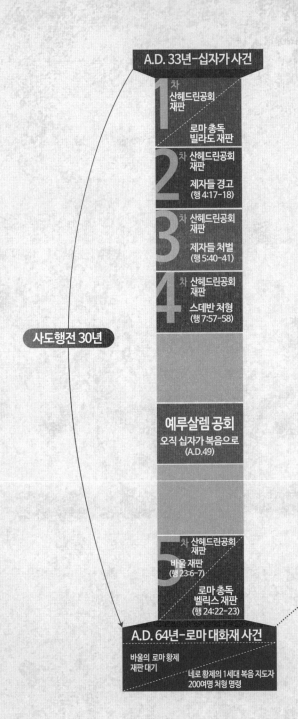

A.D. 33년-십자가 사건

1차 산헤드린공회 재판

로마 총독 빌라도 재판

2차 산헤드린공회 재판

제자들 경고
(행 4:17-18)

3차 산헤드린공회 재판

제자들 처벌
(행 5:40-41)

4차 산헤드린공회 재판

스데반 처형
(행 7:57-58)

예루살렘 공회
오직 십자가 복음으로
(A.D.49)

5차 산헤드린공회 재판

바울 재판
(행 23:6-7)

로마 총독 벨릭스 재판
(행 24:22-23)

사도행전 30년

A.D. 64년-로마 대화재 사건

바울의 로마 황제 재판 대기

네로 황제의 1세대 복음 지도자 200여명 처형 명령

죄수 바울(A.D.61년)
– 열리는 로마 선교 센터

"다메섹 외톨이 바울
'선교팀장' 되어 로마에서 순교하다(A.D.67년)"

＊

　여러 죄수들과 함께 죄수의 신분으로 배를 타고 가이사랴 항구를 출발했던 사도 바울은 우여곡절 끝에 로마에 도착했습니다. 죄수들을 실은 배가 로마의 항구에 도착하자, 로마 제국은 다른 죄수들과 달리 사도 바울에게는 한 명의 군인과 함께 따로 있도록 배려를 해주었습니다.

　"우리가 로마에 들어가니
　바울에게는 자기를 지키는 한 군인과 함께
　따로 있게 허락하더라"(행 28:16)

　사도 바울은 로마에 도착한 지 사흘 만에 로마에 살고 있던 유력한 디아스포라 유대인들을 만나게 됩니다. 그리고 그들에게 자신은 죄가 없음에도 예루살렘의 산헤드린 공회 때문에 죄수의 신분으로 로마에

오게 되었음을 말하면서, 자신이 황제 재판을 청구했지만 자기 민족의 죄를 고발하려 함이 아님을 밝힙니다.

사흘 후에 바울이 유대인 중 높은 사람들을 청하여
그들이 모인 후에 말합니다.
"여러분 형제들아 내가 이스라엘 백성이나
우리 조상의 관습을 배척한 일이 없는데
예루살렘에서 로마인의 손에 죄수로 내준 바 되었으니
로마인은 나를 심문하여 죽일 죄목이 없으므로
석방하려 하였으나 유대인들이 반대하기로
내가 마지 못하여 가이사에게 상소함이요
내 민족을 고발하려는 것이 아니니라
이러므로 너희를 보고 함께 이야기하려고 청하였으니
이스라엘의 소망으로 말미암아
내가 이 쇠사슬에 매인 바 되었노라"(행 28:17-20)

로마의 디아스포라 유대인들은 사도 바울의 진심을 믿는 자들도 있었지만, 믿지 않는 자들도 상당수였습니다. 그래서 결국 사도 바울은 〈이사야〉를 통해 주신 하나님의 말씀을 생각하며 구원이 이방인에게로 향함을 다시금 깨달았습니다.

"성령이 선지자 이사야를 통하여
너희 조상들에게 말씀하신 것이 옳도다 일렀으되

이 백성에게 가서 말하기를

너희가 듣기는 들어도 도무지 깨닫지 못하며

보기는 보아도 도무지 알지 못하는도다

이 백성들의 마음이 우둔하여져서

그 귀로는 둔하게 듣고 그 눈은 감았으니

이는 눈으로 보고 귀로 듣고 마음으로 깨달아 돌아오면

내가 고쳐 줄까 함이라 하였으니

그런즉 하나님의 이 구원이 이방인에게로 보내어진 줄 알라

그들은 그것을 들으리라"(행 28:25-28)

사도 바울은 본의 아니게 죄수의 신분으로 로마에 들어오기는 했지만, 황제 재판을 통해 자신의 무죄를 입증하고 로마를 '선교 센터'로 삼아 서유럽과 서바나(스페인)까지 복음을 전파할 계획이었습니다.

그런데 당시 로마의 다섯 번째 황제였던 네로는 사도 바울의 재판뿐 아니라, 제국의 모든 정무를 다 팽개치고 나폴리와 그리스를 순회하며 가수 활동을 하느라 여념이 없었습니다.

그래서 사도 바울은 로마에서 2년 동안 황제 재판을 기다려야 했습니다. 그동안 자기 셋집에서 밖으로 나갈 수는 없어도 찾아오는 사람들과는 자유롭게 만나며 복음을 전하면서 시간을 보냈습니다.

"바울이 온 이태를 자기 셋집에 머물면서

자기에게 오는 사람을 다 영접하고 하나님의 나라를 전파하며

* 로마에서 쓴 옥중서신 4권은 1권이다!

그(예수)는 몸인 **교회의 머리**시라
그가 근본이시요
죽은 자들 가운데서 먼저 나신 이시니
이는 친히 만물의 으뜸이 되려 하심이요
(골 1:18)

이 후로는 종과 같이 대하지 아니하고
종 이상으로 곧 **사랑 받는 형제**로 둘 자라
내게 특별히 그러하거든 하물며 육신과
주 안에서 상관된 네게랴(몬 1:16)

골로새서
예수님은 누구신가?

빌레몬서

이론   실천

에베소서
교회란 무엇인가?

빌립보서

교회는 그(예수)의 **몸**이니
만물 안에서
만물을 충만하게 하시는 이의
충만함이니라(엡 1:23)

• 아무 일에든지 다툼이나 허영으로 하지 말고
  오직 겸손한 마음으로 각각 자기보다
  남을 낫게 여기고(빌 2:3)
• 주 안에서 항상 기뻐하라
  내가 다시 말하노니 기뻐하라(빌 4:4)

주 예수 그리스도에 관한 모든 것을
담대하게 거침없이 가르치더라"(행 28:30-31)

사도 바울은 가택연금 중에도 마게도냐와 소아시아의 교회들에게
4편의 편지 〈에베소서, 빌립보서, 골로새서, 빌레몬서〉를 써 보내며,
그들에게 예수 그리스도와 예수 그리스도의 몸 된 교회에 대해 더 깊
고 자세히 가르치는 일에 최선을 다했습니다.

"하나님의 뜻으로 말미암아
그리스도 예수의 사도 된 바울은 에베소에 있는 성도들과
그리스도 예수 안에 있는 신실한 자들에게 편지하노니
하나님 우리 아버지와 주 예수 그리스도로부터
은혜와 평강이 너희에게 있을지어다"(엡 1:1-2)

"그리스도 예수의 종 바울과 디모데는
그리스도 예수 안에서 빌립보에 사는 모든 성도와
또한 감독들과 집사들에게 편지하노니
하나님 우리 아버지와 주 예수 그리스도로부터
은혜와 평강이 너희에게 있을지어다"(빌 1:1-2)

"하나님의 뜻으로 말미암아
그리스도 예수의 사도 된 바울과 형제 디모데는
골로새에 있는 성도들
곧 그리스도 안에서 신실한 형제들에게 편지하노니
우리 아버지 하나님으로부터
은혜와 평강이 너희에게 있을지어다"(골 1:1-2)

"그리스도 예수를 위하여 갇힌 자 된 바울과 및 형제 디모데는
우리의 사랑을 받는 자요 동역자인 빌레몬과 자매 압비아와
우리와 함께 병사 된 아킵보와 네 집에 있는 교회에 편지하노니
하나님 우리 아버지와 주 예수 그리스도로부터
은혜와 평강이 너희에게 있을지어다"(몬 1:1-3)

'옥중서신'이라 불리는 이 네 통의 편지 가운데, 특히 〈빌레몬서〉는

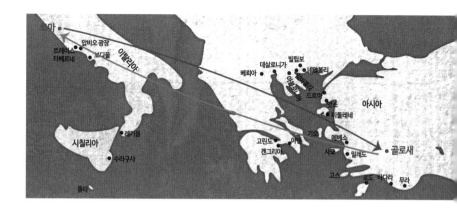

잠시라도 시간을 할애해서 짚고 넘어가야 합니다.

　당시 로마 제국하에서 '노예제도'는 제국의 근간이라고 봐도 과언
이 아닙니다. 그런데 사도 바울은 소아시아의 빌레몬의 집에서 로마까
지 도망쳐온 빌레몬의 노예 오네시모를 다시 빌레몬에게 돌려보내며
그를 '형제'로 받아들이라고 요청했습니다. 도망친 노예는 잡히면 그
와 그의 가족 모두 주인에게 죽임을 당하는 것이 로마법이었습니다.

　그런데 사도 바울은 로마에서 소아시아로 편지를 써 보내면서 로
마 제국의 근간을 뒤집는 획기적인 제안을 내놓았던 것입니다. 예수를
믿는 바울이, 예수를 믿는 빌레몬에게, 예수를 믿는 오네시모와 로마
제국을 넘어 '하나님 나라 안에서 한 형제'가 되자고 편지를 써 보낸 것
입니다.

　이것이 하나님 나라의 능력입니다.
　〈빌레몬서〉는 세계 선교 센터 '로마'에서 "모든 길은 예수로 통通한

다"라고 선언한 사도 바울의 '하나님 나라 이야기'였습니다.

　사도 바울이 옥중서신을 쓴 곳은 로마였고, 그 편지들은 로마 선교 센터로부터 세계로 뻗어나갔습니다.

　그렇게 사도 바울이 로마에서 황제 재판을 기다리며 2년의 시간을 보내던 중 생각지도 않은 큰 사건이 발생했습니다. 당시 'A.D.64년 한여름'에 로마 시내의 삼분의 이가 피해를 입은 '로마 대화재 사건'이었습니다. 그런데 갑자기 그 '화재 사건의 범인으로 기독교 유대인들이 지목'되는 엄청난 일이 일어났습니다.

　로마 황제 네로는 로마 대화재 사건의 범인으로 자신이 의심 받고 있는 상황에서 벗어나기 위해, 죄 없는 기독교 유대인들에게 방화범의 죄를 뒤집어씌웠던 것입니다. 네로는 방화범들을 잡아 죽이겠다며 초기 기독교 지도자들 200여 명의 명단을 작성해 긴급체포하기 시작했습니다.

　사도 바울이 그 시점에서 죽음을 직감합니다. 그리고 급하게 주변을 정리하기 시작합니다. '죽음을 앞둔 사도 바울'의 주변 정리는 다름이 아니고, 끝까지 주의 복음을 위해 편지들을 남기는 것이었습니다.

　〈디모데후서〉는 〈산헤드린 공회〉와 맞서 싸웠던 '복음 1세대'들의 뒤를 이을 '복음 2세대'에 대한 강한 기대를 드러냅니다.

　'복음 1세대' 200여 명은 A.D.64년 '로마 대화재 사건'을 빌미로 로

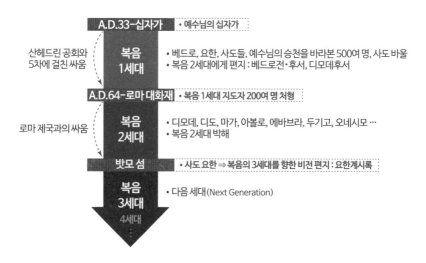

마 제국에 의해 처형되겠지만, 그럼에도 디모데를 비롯한 디도, 마가, 아볼로, 에바브라, 두기고, 오네시모 등과 같이 잘 훈련된 '복음 2세대' 들이 있기에 사도 바울은 걱정하지 않았습니다.

예수님께서 제자들을 남겨두고 승천하셨듯이, 사도 바울도 복음 2세대들을 믿고 신뢰하기에 아무 염려가 없다는 것입니다. 복음 1세 대들은 산헤드린 공회의 복음 전파 방해와 맞서 싸워 이겼고, 복음 2세대들은 로마 제국의 박해와 맞서 싸워 그들도 반드시 승리할 것이 기 때문입니다.

성령께서 '복음 1세대'들을 도우셨듯이, '복음 2세대'들도 끝까지 도 우실 것을 사도 바울은 확신했습니다.

이때 사도 바울이 쓴 편지들이 바로 〈디모데전서〉와 〈디도서〉, 그 리고 정말 유언과 같은 편지인 〈디모데후서〉입니다.

사도 바울은 죽음을 앞두고 이 세 통의 편지를 끝으로 써 보내며 그의 사역을 마무리합니다. 누가는 사도 바울을 중심으로 한 길고 긴 이야기를 편지로 써서 로마의 유력한 정치인 데오빌로에게 보냈던 것입니다.

〈사도행전〉은 예수님의 승천 이야기로부터 시작하여 산헤드린 공회의 재판에 밀리지 않고 복음을 증거한 사도들의 성령 충만 이야기, 구원은 오직 예수 십자가로 충분하다는 예루살렘 공회 선언, 다메섹에서 외톨이였던 사도 바울이 선교팀장이 된 이야기, 그리고 그가 땅끝까지 복음을 전하기 위해 설립하려는 로마 선교 센터를 위해 죄수의 신분으로 로마에 간 이야기입니다.

결국 '하나님 나라 복음'을 위한 선한 싸움의 길을 보여준 책이 〈사도행전 30년〉입니다.

모든 길은 예수로 통通한다

'하나님의 관심'은 처음부터 끝까지, 그리고 언제나 '모든 민족 – 이 방인'이었습니다. 하나님께서 아브라함을 택하신 이유도, 아브라함과 그의 후손들을 통해 모든 민족을 복 받게 하고자 하심이었습니다.

'모든 민족 – 이방인'을 위한 사도

이 놀라운 사명이 바로 사도 바울로 하여금 죽음도 두려워하지 않는 열정의 전도자가 되게 했던 '원동력'이자 '자존감'이었습니다. '다메섹의 그 순간'(The Damascus Moment) 이후 사도 바울은 성부·성자·성령 삼위일체이신 하나님께서 진정으로 원하시는 것이 무엇인지를 가장 정확하게 이해한, 그리고 그것을 삶으로 실천한 '하나님의 사람'이자 '진정한 그리스도인'이었습니다.

아브라함의 후손들이 〈제사장 나라 거룩한 시민〉으로 하나님과 맺은 언약의 핵심도, '하나님과 모든 민족 사이에 평화를 만드는 민족이 되는 것'이었습니다.

여호와께서 아브람에게 말씀하십니다.

"너는 너의 고향과 친척과 아버지의 집을 떠나

내가 네게 보여 줄 땅으로 가라

내가 너로 큰 민족을 이루고 네게 복을 주어

네 이름을 창대하게 하리니 너는 복이 될지라

너를 축복하는 자에게는 내가 복을 내리고

너를 저주하는 자에게는 내가 저주하리니

땅의 모든 족속이 너로 말미암아

복을 얻을 것이라"(창 12:1-3)

하나님께서는 아브라함에게 말씀하셨던 모든 민족 이야기를 500년 후, 모세 때에 아브라함의 후손들에게 다시 강조하셨습니다. 〈모든 민족〉 즉, '세계가 다 하나님께 속했다'는 것을 말입니다.

그리고 아브라함의 후손들이 〈모든 민족〉을 위한 〈제사장 나라 거룩한 시민〉으로 하나님과 맺은 언약을 잘 지키면, 하나님께서 이스라

엘 백성들의 하나님이 되어주시고, 이스라엘 백성들은 하나님의 소유
가 되는 놀라운 혜택을 주시겠다는 것을 말입니다.

"**세계가 다 내게** 속하였나니 너희가 내 말을 잘 듣고
내 언약을 지키면 너희는 **모든 민족 중에서**
내 소유가 되겠고"(출 19:5)

하나님의 관심이 〈모든 민족〉이라는 사실은 모세 때로부터 500년
후, 다윗과 솔로몬 시대에 다시 한 번 강조됩니다.

'하나님께서 다윗에게 주신 예루살렘 성전 설계도'에 의하면, 예루
살렘 성전은 대제사장이 1년에 한 번 들어가는 〈지성소〉와 이스라엘
백성들이 제물을 가지고 제사장의 도움을 받아 하나님께 제사를 드리
는 〈성소〉, 그리고 '모든 민족이 하나님께 기도할 수 있는 장소'로 〈이
방인의 뜰〉이 본격적으로 등장했기 때문입니다.

하나님께서는 예루살렘 성전을 통해 이스라엘 백성들의 '제사'와,
모든 민족이 하나님 앞에 '기도'할 수 있는 길을 공식적으로 열어주셨
습니다.

예루살렘 성전이 '만민이 기도하는 집'이 된 것은 '솔로몬의 예루살
렘 성전 낙성식 기도'를 통해서 잘 드러납니다.

"또 주의 백성 이스라엘에 속하지 아니한 자

곧 주의 이름을 위하여 먼 지방에서 온 **이방인이라도**

그들이 주의 크신 이름과 주의 능한 손과

주의 펴신 팔의 소문을 듣고 와서

이 성전을 향하여 기도하거든

주는 계신 곳 하늘에서 들으시고

이방인이 주께 부르짖는 대로 이루사

땅의 만민이 주의 이름을 알고

주의 백성 이스라엘처럼 경외하게 하시오며

또 내가 건축한 이 성전을 주의 이름으로

일컫는 줄을 알게 하옵소서"(왕상 8:41-43)

하나님의 관심이 〈모든 민족〉이라는 사실을 가장 명확하게 가르쳐주신 분은 바로 우리 예수님이십니다. 예수님께서는 십자가에서 죽으시고 부활하신 후에, 예수를 믿는 모든 그리스도인들에게 마지막 지상명령으로, '너희는 가서 〈모든 민족〉을 제자 삼으라'고 말씀하셨습니다.

"그러므로 너희는 가서 **모든 민족**을 제자로 삼아

아버지와 아들과 성령의 이름으로 세례를 베풀고

내가 너희에게 분부한 모든 것을 가르쳐 지키게 하라
볼지어다 내가 세상 끝날까지
너희와 항상 함께 있으리라"(마 28:19-20)

또한 예수님께서는 〈모든 민족〉을 위해 부활하신 몸으로 40일 동안 이 땅에 계시다가 승천하시면서 다시 강조하시기를 '땅끝까지 가서' 예수의 증인이 되라고 말씀하셨습니다.

"오직 성령이 너희에게 임하시면
너희가 권능을 받고 예루살렘과 온 유대와 사마리아와
땅 끝까지 이르러 내 증인이 되리라"(행 1:8)

〈사도행전 30년〉 동안 산헤드린 공회는 '잘못된 선민 의식'을 가지고 하나님의 '모든 민족'을 위한 사랑 이야기와, 예수 그리스도의 십자가와 부활 이야기가 퍼져 나가는 것을 막느라 그들의 모든 역량을 다 사용했습니다.

그러나 〈사도행전 30년〉은 모든 방해와 박해를 뚫고 하나님의 〈모든 민족〉을 위한 사랑 이야기와, 예수 그리스도의 십자가와 부활을 증거하는 사도들의 목숨을 건 '복음 전도'가 승리했다는 이야기입니다.

특히 예수 그리스도의 복음이 예루살렘과 온 유대와 사마리아를 넘어 땅끝까지 퍼지게 하기 위해 목숨을 걸었던 사도들과 초기교회 그리스도인들의 이야기입니다.

모든 사도들이 복음을 위해 수고를 마다하지 않았지만, 특히 '사도 바울'은 자신이 '이방인을 위한 사도'로 부르심을 받았다는 사실에 감사와 감격을 가지고 죽는 날까지 최선을 다해 세계 선교를 위해 그의 모든 삶을 바쳤습니다. 사도 바울은 '복음의 긴박성'을 가지고 자기 당대에 예루살렘과 온 유대와 사마리아를 넘어 땅끝까지 주의 복음을 전하고자 했던 것입니다.

사도 바울은 소아시아와 동유럽 선교를 감당했던 안디옥 센터를 넘어, 서유럽과 당시 사람들에게 땅끝이라 알려져 있던 서바나(스페인)까지 복음을 전하기 위한 '로마 선교 센터'를 만들기 위해 최선의 노력을 다했습니다.

사도 바울이 그토록 '로마'를 '땅끝까지 복음을 전하기 위한 선교 센터'로 만들고자 애썼던 이유는, '모든 길은 로마로 통한다'가 아닌 로마를 통해 '모든 길은 예수로 통通한다'를 만들고자 했기 때문입니다.

그래서 세상 모든 땅끝에서 모든 주의 백성들이 '주께 드릴 노래',

'주께 드릴 열매' 가득 안고 "오 주여 어서 오시옵소서"를 외치기를 소
망했습니다.

예수는 길이요 진리요 생명되십니다.
'복음의 긴박성'을 꿈꾸는 그리스도인이란 누구입니까?

성령의 도우심으로
주님 오실 그날까지
주의 십자가 죽으심을
첫째, 항상 기념하고
둘째, 땅 끝까지 전도하는 자입니다. (고전 11:26)
베드로, 바울처럼 …

누가 〈역사, The History〉

  '다메섹 외톨이'로 혼자 외롭게 출발했던 전도자 사도 바울은 세 차례에 걸친 전도여행을 통해 많은 제자들과 동역자들을 길러냈습니다. 그 가운데 한 사람이 바로 '누가'였습니다. 헬라인으로 의사이자 역사가였던 누가는, 사도 바울이 2차 전도여행 도중 드로아(트로이)에서 만난 소중한 동역자로, 이후 〈누가복음〉과 〈사도행전〉의 저자가 되었습니다.

  누가가 헬라 출신으로 의사이자 역사가였다는 사실은 실로 대단한 일이었습니다. 일단 누가가 헬라인이었다는 것은 지식인이었다는 것을 의미했습니다. 그 당시 로마 제국의 귀족들은 앞다투어 자기 자녀들을 그리스(헬라)로 유학을 시키든지, 그리스인(헬라인)들을 자기 가정의 가정교사로 모시는 것이 일상이었습니다. 로마의 귀족들은 그들의 자녀 교육을 그리스인(헬라인)들에게 맡기고 있었던 것입니다.

당시 로마 제국 내의 대부분의 사람들은 그리스(헬라)의 학문과 문화를 존중했고, 그리스의 모든 학문과 문화를 배워 로마화하느라 여념이 없을 정도였습니다. 그래서 그 당시 사람들에게 그리스인(헬라인)이라고 말하면, 누구나 다른 여타의 민족과 견주어 지식을 가진 사람이라는 인식이 당연했습니다.

그러므로 '헬라인 누가'라고 말하면, 당시 사회에서 최고의 학문이자 문화로 존중받고 있던 헬레니즘에 대해 이미 기본적으로 충분한 교육을 받은 지식인이라는 것을 의미했습니다.

또한 그리스(헬라) 사람들의 언어인 그리스어(헬라어)를 사용하는 사람들은 로마 제국 어디에서나 지식인으로 대접을 받았습니다. 그러므로 신약성경 27권 가운데 헬라어로 직접 〈누가복음〉과 〈사도행전〉을 집필한 누가의 지식은 이미 상당했음을 알 수 있습니다.

그리고 누가의 직업이 의사였다는 것은 그가 사도 바울처럼 '로마 시민권자'였다는 것을 의미했습니다. 로마는 헬라 제국을 무너뜨리고 새로운 제국으로 역사의 전면에 등장하면서, 500년 동안 유지하던 공화정을 접고 황제 한 사람이 통치하는 제정으로 통치 형태를 바꾸었습니다. 그러한 로마 제국의 '제정 통치의 밑그림'을 모두 그린 사람이 율리우스 카이사르인데, 그가 제국을 위한 정책으로 의사와 교사들에게 로마 시민권을 주었던 것입니다.

로마는 율리우스 카이사르가 만든 청사진대로 공화정에서 제정으로 바뀌었습니다. 그리고 율리우스 카이사르가 자신의 후계자로 지목한 '가이사 아구스도'(옥타비아누스)가 로마 제국의 초대 황제가 되면서 율리우스 카이사르가 만든 모든 정책들이 로마 제국의 법으로 확립되었습니다.

누가가 활동하던 시기는 로마의 3대 황제 '가이사 칼리굴라'와 4대 황제 '가이사 글라우디오', 그리고 5대 황제 '가이사 네로'가 통치할 때였기에 로마 제국 내에서 의사와 교사는 로마 시민권자로 위치가 탄탄했다고 할 수 있습니다.

더 나아가 누가가 '역사가'라는 사실은 정말 중요했습니다. 그리스는 이미 누가 이전부터 훌륭한 역사가들의 기록을 통해 고대사회에서 가장 월등한 지성인이라고 널리 알려져 있었습니다.

그리스(헬라) 출신 역사가로는 페르시아와 그리스의 세 번에 걸친 전쟁을 기록한 헤로도토스, 그리고 페르시아 전쟁 이후 그리스 내에서 벌어진 내전으로 델로스 동맹(아테네를 중심)과 펠로폰네소스 동맹(스파

르타를 중심) 사이의 27년간의 전쟁인 《펠로폰네소스 전쟁사》를 기록한 투키디데스 등이 이미 유명했습니다.

'헤로도토스'는 '역사의 아버지'라고 불리는데 그 이유는, 로마의 정치인이자 변호사의 아버지라 불리는 '키케로'가 '헤로도토스를 역사의 아버지'라 불렀기 때문입니다. 그리고 투키디데스의 《펠로폰네소스 전쟁사》는 한 국가의 전쟁 수행 정책을 정치적 · 도덕적으로 분석한 최초의 기록이라는 평가를 받았기 때문입니다.

그러나 사실 누가의 〈누가복음〉과 〈사도행전〉은 헤로도토스 《역사》와 투키디데스의 《펠로폰네소스 전쟁사》를 훨씬 뛰어넘습니다. 물론 그 이후 로마의 역사가 '타키투스'의 《연대기》도 감히 누가를 뛰어넘기에는 역부족입니다.

누가는 서양의 두 개의 뛰어난 사상이자 정신이라고 평가받는 헬레니즘과 헤브라이즘을 모두 섭렵한 역사가이자, 두 나라 사이의 전쟁이나, 그리스(헬라)의 내전을 다룬 전쟁사, 혹은 로마의 몇몇 황제들의 이야기와는 차원이 다른 '하나님 나라 이야기'와 '사도들과 산헤드린 공회의 재판 이야기를 하나님 나라 관점에서 역사로 기록'한 대학자이기 때문입니다.

그리고 이러한 역사책은 역사를 특별히 좋아하거나 역사를 전공하는 사람으로 독자가 한정된 반면, 누가의 〈누가복음〉과 〈사도행전〉은 세계 모든 사람들에게 지난 2,000년간 스테디셀러였으며, 앞으로도 '수많은 사람들에게 수도 없이 읽히게 될 것'이 확실합니다.

〈누가복음〉의 수신자는 로마의 유력한 정치인 '데오빌로 각하'입니다. 그리고 〈사도행전〉의 수신자는 '데오빌로여'입니다. 두 책 사이에 호칭이 바뀌었음을 알 수 있습니다. 누가와 데오빌로 사이가 〈누가복음〉 수신 이후에 매우 가까워졌다는 증거입니다.

누가는 〈사도행전〉을 통해 로마의 유력한 정치인 데오빌로에게 로마의 백부장 고넬료를 소개했습니다. 그리고 유대에 파견된 총독 빌라도와 벨릭스, 그리고 베스도에 관한 정보도 대담하게 전했습니다. 빌라도가 산헤드린 공회를 통해 얼마나 많은 뇌물을 받았는지, 그리고 벨릭스가 사도 바울에게 얼마나 많은 뇌물을 기대했는지 말입니다.

누가는 데오빌로에게 '고넬료의 길'을 '강력 추천'했습니다. 총독 빌라도와 벨릭스, 그리고 베스도에 비해 고넬료는 로마의 백부장(백인대장)에 불과했지만, 그가 얼마나 성령이 충만한 그리스도인이었는지 데오빌로에게 가르쳐주었던 것입니다.

누가는 이방인임에도 불구하고 예수 그리스도를 증거하는 〈누가복음〉을 씀으로 성경의 저자가 되는 놀라운 영광을 얻었습니다. 그리고 사도 바울 전도팀의 일원으로 〈사도행전〉을 기록하고, 초기교회의 가장 중요한 역사 자료를 남기는 위대한 역사가가 되었습니다. 이것이 위대한 하나님의 사람 누가의 〈역사, The History〉입니다.

사도 바울이 남긴 누가에 대한 기록입니다.

"**사랑을 받는 의사 누가와** 또 데마가
너희에게 문안하느니라"(골 4:14)

"**누가만 나와 함께** 있느니라 네가 올 때에 마가를 데리고 오라
그가 나의 일에 유익하니라"(딤후 4:11)